主编 / 董旻杰　指文号角工作室　　著 / 查攸吟

关 注 海 域 局 势 · 了 解 海 战 历 史 · 传 承 海 洋 文 化

海战事典

MOOK
▶006
修订版

← 日俄战争前后的俄国海军 →

吉林文史出版社
JILINWENSHICHUBANSHE

图书在版编目（CIP）数据

海战事典.006，日俄战争前后的俄国海军 / 查攸吟
著. —— 长春：吉林文史出版社，2016.12
　　ISBN 978-7-5472-3747-2

Ⅰ.①海… Ⅱ.①查… Ⅲ.①海战－战争史－世界－
通俗读物 Ⅳ.①E19-49

中国版本图书馆CIP数据核字(2016)第295732号

HAIZHAN SHIDIAN RI E ZHANZHENG QIANHOU DE EGUO HAIJUN

海战事典.006，日俄战争前后的俄国海军
（修订版）

作者 / 查攸吟

责任编辑 / 吴枫　特约编辑 / 曾巧

装帧设计 / 舒正序

策划制作 / 指文图书　出版发行 / 吉林文史出版社

地址 / 长春市福祉大路 5788 号　邮编 / 130118

电话 / 0431-86037503　传真 / 0431-86037589

印刷 / 重庆大正印务有限公司

版次 / 2019 年 1 月第 3 版　2019 年 1 月第 1 次印刷

开本 / 787mm×1092mm　1/16

印张 / 13　字数 /200 千

书号 / ISBN 978-7-5472-3747-2

定价 / 69.80 元

海洋，人类光荣与梦想的战场。从不列颠到美利坚，一个个大国一次次不停验证着"谁拥有海洋，谁就拥有整个世界"这个亘古不变的真理。21世纪是海洋的世纪，我们正在积极发展海上贸易、维护海上权益。因此，了解海上战争的历史，洞悉海上博弈的玄机变得十分必要。《海战事典》是军迷们了解海战及海洋军事文化的宝典，希望该系列读物能够刊载更多精彩文章展现海洋文化的魅力。

——军事科普作家，江泓

作为新中国第一代人民海军军官后代的我，从小生活在著名的军港小城——旅顺口。这里的每一处遗迹都是海上战争为这座小城铭刻的深深印记，它们牵动着人们对这个国家、这个民族关于海洋意识与海洋权益的深刻思考。前事不忘，后事之师，每一个中国人都不会，也不该再次忽视海洋。但如何才能真正汲取历史的教训，又如何才能探寻到一条正确的深蓝之路？我相信，《海战事典》这本看上去很普通的书，一定会成为一扇打开历史记忆的窗，一座连通过去与未来的桥梁，人们可以通过它，找寻到自己的答案。

——中国海军史研究者，张义军

一个拥有漫长海岸线的国家必须要对海洋投以足够的关注，曾在海洋上发生的交流、冲突和战斗恰恰是对历史经验的一次次总结，它们从未随涛浪平息，而是形成并发展成为中华民族海洋意识觉醒的基石。《海战事典》正是一本海洋历史的索引，是一个了解海上往事的渠道。

——海军史、海军舰船研究者，顾伟欣

"无海权如人无手足"。古往今来，为了将主权延伸至海洋，以获得更多的控制力，很多国家都建立了强大的海军，他们既谱写过壮丽的海战诗篇，也创造过传奇的海洋故事。《海战事典》正如沧海拾珠，将这一段段精彩的历史串联、汇集至一处，相信每一位读者在阅读后，都会大呼精彩过瘾。

——资深军事编辑，刘晓

即使21世纪已被广泛称为"信息的时代"，人类最普遍选择定居、发展生产的地域仍然是各大洲的沿海地带，联结其间的繁忙海上航线仍然需要强大海军的护卫。《海战事典》为广大海军爱好者精彩描绘历史中发生于海洋上之激烈搏杀，希望启发更多国人关心我国海洋权益之保护。

——指文《军鉴》工作室主编，潘越

目录

前言

════════════

　　随着《巴黎和约》的签署，克里木战争宣告终结，俄罗斯帝国在欧洲南方的扩张也到了尽头。西伯利亚铁路建设的全面启动，代表着俄国东方战略的开始。《东方的陆与海：日俄战争前的俄国海军》记录了"三国干涉还辽"事件后，日本对俄国的敌意与日俱增，由东乡平八郎指挥的日本联合舰队浩浩荡荡驶过黄海，向傲慢的俄国人证明自己的力量。

　　在日俄战争中毫无悬念地落败，使俄国的武装力量承受了惨重损失，其中海军尤甚。面对奥斯曼的威胁，雄心勃勃的《海军法》寄托了俄国重振海上力量的全部希望。《帝国海军的无畏舰时代：日俄战争后俄国海军力量的重建》围绕俄国海军战后取得的海上经验，叙述了俄国海军无畏型战列舰的设计、建造、发展与覆灭，以及与其命运息息相关的俄国造船厂的历史。

　　纳瓦里诺海战之后，希腊独立战争的形势重现光明，失去了海军支援的土埃军队转攻为守，处于战略收缩态势，而俄国干预战争的决心更加坚定。《维也纳体系的破裂：纳瓦里诺之战（上）》梳理了纳瓦里诺大海战对维也纳体系造成的影响和冲击，这是木质帆船在地中海的最后一次大海战。自此希腊获得独立，俄罗斯统治黑海，土耳其帝国衰落……

东方的陆与海
日俄战争前的俄国海军

⇥ 欧洲边缘的帝国 ⇤

在欧洲，俄国的形象一直和"野蛮"有着某种关系。这种看法是可以理解的——当西欧与普鲁士工厂内的工程师热心于设计各种能取代人力的机械，校园里的学者和教授们专注于天体之间的作用力、热量传导的各种状态时，那些生活在欧洲边缘，最后一群摆脱蒙古人统治的，平时留着大胡子、穿着中世纪式袍子的奇怪部族，还热衷于把农民束缚在自己的土地上，用鞭子和棍子强迫他们日复一日干着奴隶做的农活。

罗曼诺夫王朝的开创者彼得一世曾竭力推进俄罗斯的近代化运动。这位在俄国历史上开疆拓土、功勋赫赫的君主，不但亲手剪掉了俄罗斯权贵们的胡子和袍子，而且还在晚年将"沙皇"这一尊号改成了西欧式的"皇帝"。由于农奴制度作为俄罗斯帝国统治的基石，因此并未遭到动摇，反而得到了进一步的巩固。彼得一世曾经下诏严惩窝藏逃亡农民的人，对其处以死刑并没收财产。为了追捕逃亡农民，官方甚至专门设立了侦缉队。

然而，农奴制度的缺陷显而易见——人本能的抵触各种对其直接的人身限制，会采取百般手段加以抗拒。就和古代的奴隶一样，采用农奴进行劳作是低效的，挣脱枷锁是所有生物的本能。在整个俄罗斯帝国罗曼诺夫王朝时代，农奴暴动层出不穷。甚至在皇朝鼎盛的叶卡捷琳娜二世时代，普加乔夫大起义也像野火一样在俄罗斯大地上四处蔓延。所以进入 19 世纪后，当欧洲各国开始逐步改用"骗"和"哄"的方式，同时借助各种契约、法律手段来代替直接人身限制的时候，俄国这赤裸裸的奴役就显得极其野蛮了。

叶卡捷琳娜二世将俄罗斯帝国领入了全盛期。在此之后，借着对拿破仑帝国不屈不挠的抵抗和"神圣同盟"的确立，亚历山大一世又将帝国在世界范围内的威望推上了巅峰。然而，辉煌并未持续多久。随着反抗拿破仑的英雄俄国皇帝亚历山大一世的去世，其三弟尼古拉成为新的俄国皇帝。这位新皇帝自即位起就对奥斯曼帝国怀有强烈的野心，更对早已成为伊斯坦布尔的君士坦丁堡有着异乎寻常的执着。而英国与法国也从中解读出了俄国企图控制博斯普鲁斯海峡与达达尼尔海峡，并借此进入地中海。

为了捍卫自身的核心利益，曾经的敌人迅速站在了同一条阵线上。英法这两个最老牌的工业国家联起手来，与欧洲最"传统"的敌人奥斯曼帝国结成军事同盟。克里木战争就此爆发，并持续了整整三年。最终，俄罗斯帝国被掀翻在地。

这场战争强烈地震撼了俄罗斯帝国的每个层面。

一直以来，俄罗斯帝国通过持续不断的对外扩张，为其原始而矛盾重重的社会输送血液，同时接连转移社会矛盾。在对外扩张战争中，皇室与国家能不停地获得新的人口、港口与土地。而且军功积累可以使平民富贵，小贵族也可以借着武勋获得晋升。通过扩张取得的土地，则能够在不需要触动原有利益阶层的前提下，为新晋者带来足够的犒赏。

但是在 19 世纪中叶克里木战争以后，波兰早就被彻底瓜分。通过波罗的海沿岸的三个被保护国与被俄国吞并前的波兰土地，俄国的边境已与普鲁士、奥地利等欧洲强国直接相连。如果俄国不想同奥地利或者普鲁士开战，那么东欧方向似乎已经没有继续扩张的余地。而随着《巴黎和约》的签署，克里木战争宣告终结，俄国在欧洲南方的扩张也到了尽头。

在战争进程中，英法两国为了取得胜利，维护其在南欧与地中海地区的传统利益，保障欧洲基本格局不遭动摇，便不遗余力地将诸多当时最新的军事及科学技术投入战场。于是，克里木战争就成了膛线步枪、散兵战术、蒸汽动力战舰、铁路、无线电通讯等最新科技展示价值与威力的舞台。

巨大的科技差距使俄国军队付出了惨重的代价，也使俄国上层意识到他们自彼得一世改革以来的再次落后。同时，克里木战争更令俄国上层直面军队的先天不足——由农奴所构成的军队无论在士气还是作战意志上，都无法和自由民众构成的英法军队相抗衡。此外，农奴制度也对俄国的国家动员能力造成了巨大的制约。战争时的征募与接连的军事失利，也引发了俄国国内的动荡。

战争的失败和国内种种现实问题，迫使俄国上层正视当前形势。1855 年，俄国战败的前夜，那位被俄国著名诗人普希金揶揄为"在他身上有很多士官长的东西和不多的彼得一世"的俄国皇帝尼古拉一世，尼古拉·巴甫洛维奇辞世。其子亚历山大·尼古拉耶维奇继位，成为新皇帝亚历山大二世。

终结农奴制度，使国家重新焕发活力。这就是亚历山大二世继位伊始想要做的。

松动的基石

迫使俄国上层做出改革的原因有许多,战争的失败只是最直接的导火索。

西欧近代化的本质,乃是资本力量的快速发展,城市化是资本发展的必要条件。为了满足城市中各个工厂对劳动力的巨大需求,大量农村青壮年携家带口迁入城市。当西欧的农村人口大批涌入城市以后,其粮食供应势必有所削弱。另外,随着欧洲居民生活水平的提高,城市对各类农作物的需求也在不断增加。19 世纪 30 年代以后,英法等西欧国家渐渐成了俄国粮食的主要买家,俄国每年将粮食总产量的 20% 供应给西欧。而供应需求在此后的几十年内还将持续增长。

需求不断刺激着生产。为了提高粮食产量满足市场的需要,一部分眼光长远的地主开始尝试引入西欧最新式的农机设备,并扩建水利灌溉设施,建立近代化的耕种体系。然而这么做的只是绝少数人,因为多数俄国地主发现改进种植方式和技术所要付出的成本,远比直接压榨农奴高得多,这些地主更热衷于采取提高劳役租和代役租的方式来增加自己的收入。于是,农奴本就挣扎在温饱线上的生活更是每况愈下。在俄国的一些地区,甚至有不少农民一年到头辛勤劳作,却连全家一年的口粮都无法保障。

在日趋沉重的负担压迫下,许多农民选择借钱向东家缴纳一笔高昂的代役租获得暂时的自由,然后举家迁入城市去工厂打工,以争取更好一些的生活。

在推动变革的诸多因素中,俄国本土资本力量的发展和需求亦是重要的原因之一。

在历经几十年的缓慢发展后,到了 19 世纪中期,俄国的资本力量渐成规模。伴随国内外市场的扩大,各类工厂开始取代传统手工作坊出现在俄国的城市里。有工厂就必须有雇工,当城镇人口无法满足日益增长的工厂需求时,雇主们猛然发现,俄国的绝大多数劳动力正被束缚在他们世代居住的土地上。随之而来的就是劳动力价格的持续飞涨,茁壮成长的俄国资本力量遭到了极大的遏制。

几个世纪以来,农奴制度都是构成帝国存在的基石。然而现实已经毋庸置疑,帝国如果再不做出改变,那么曾经的基石一样也可以用来当作墓石。

1861 年 2 月 19 日,俄国政府以皇帝亚历山大二世的名义发布了《二月十九日法令》，宣布彻底废除农奴制度。从此以后，脱离了农奴依附身份的"新农民"，终于能享有和其他农村居民同等的作为人应该拥有的基本权利，不用再担心自己会像牲畜那样被送去买卖、典押或赠予了。但是，给予自由的同时却不提供出路让其维持生计，那也无非是从奴役迈向饿死的开始而已。为了给获得自由的农民找寻出路，与《二月十九日法令》一同公布的《关于脱离农奴依附关系的农民的一般法令》中规定，农奴获得自由以后，可以用赎买的方式在地主那里得到一块份地的使用权。当然，产权依然归属地主本人。

然而，任何自上而下旨在弥合社会矛盾的改革，都必须以自上而下的利益释放为基础。因为只有这样，才能使最低层的人获得足够改善他们生存状况的必要资源。但是站在既得利益者的角度上，又有多少人会看得到现在的危机呢？即便有少数明智的人认识到了现状，又有多大的概率肯为了统治集团整体的必要、为了社会的安定去主动释出自己掌握的资源呢？更何况，俄罗斯最大的地主就是俄皇本人！在《二月十九日法令》公布以前，属于皇家的农奴多达百万之众，掌握的土地更是不计其数。所以这次解放的实质，只是俄国上层在农奴制度与土地政策越来越不合时宜之际，被迫仿效西欧开始以骗代奴。

仰仗皇帝陛下的恩典，获得"解放"的农民可以将份地赎买为私产。但是，其需要向地主缴纳大大超过土地价格的赎金。此外，就算农民有钱赎买份地，在地主老爷点头之前，他还必须承担"一定"的义务，包括缴纳货币代役租和工役租。直到老爷反复盘算觉得不怎么吃亏，同意将份地交割为止。

份地的面积依据位置和土质不同而有所区别，但无论是哪一种地，绝大部分农民就算全家不吃不喝，没日没夜地忙碌，都是交不起这笔钱的。那么摆在他们眼前的只有两个选择，要么接受"使用权"，继续像以前那样老老实实地卖劳动力——当然，现在他们不叫农奴了，而是换了个名字成了"佃户"，看起来地位似乎有所改善。佃户相比农奴最大的不同之处是有了基本的人身自由和政治权利[1]，起码在司法这一层面上，他们享有和普通地主一样地位，

---

[1] 几年以后，亚历山大二世颁布新诏书，宣布在地方级别上成立"缙绅会议"，通过选举的方式实现地方自治。

而且还能投票。但是这些有实际意义么？如果没人买票的话，选举权是换不来面包的。再说每日连糊口都困难的人，他即便有人生自由又能怎么样？至于司法上的"平等"实际执行起来也没什么意义，因为只要司法规则依然存在，有产者或者有权者自有千百种方式可以让穷人和草根乖乖认栽——例如请一个排的律师和对方对簿公堂，直到弱势的那一方因为司法和律师费用流落街头，或者因为不堪承受压力被送入疯人院。

《二月十九日法令》给已经受苦几个世纪的俄国农村底层带来了短暂的兴奋，不过他们很快就发现，除了脚上不再有镣铐之外，什么都没有改变。实际上，这副镣铐也只是从有形变成了无形——"小爸爸"施舍给他们自由，只是想让他们为了那遥不可及的份地，自觉自愿地辛勤劳作。又或许是方便这些劳动力能够走出去，向着需要他们的地方流动而已。但人们早已在这片土地上感到绝望，纷纷涌向城里，去谋求那丝渺茫的希望。

动荡中的俄罗斯

俄国工业自19世纪中后期以来，有着突飞猛进的发展。随着蜂拥而至的劳动力，生产规模也在不断扩张，俄国输出的产品逐渐从原材料、粮食向着初级加工品进行转变。可是好景不长，迅速增长的城市劳动力很快就超过了资本的需求上限。这直接导致劳动力价格走低，使失业率持续攀升。

流民问题由此产生。而部分掌握着一些工作技能，或者运气比较好能够找到工作的人，也因为劳动力价格的下降而饱尝贫困滋味。仅能糊口谋生的底层人民，以及四处游荡的无业者渐渐聚集在俄国各大城市中成规模的贫民窟内。这些无论如何都无法在这个世界上立足的社会底层民众，在现实的折磨下演变成了流民、暴徒，进而畸变为无政府主义者、革命党徒，以及社会上的各种不安定因素。

与此同时大量人口流入城市，也使俄国乡村深感劳动力短缺，不少地方的土地所有者时常抱怨缺乏足够的农活人手。而在以往，这些工作都可以交给农奴们自己去解决，地主老爷只需要坐享其成。

俄国底层的日益贫困化严重削弱了国内市场的价值，导致产品滞销、利润显著下降。这直接妨碍了生产规模的扩大化，进一步造成了就业机会的减少，失业率的增加，从而将更多的人推入生活无着的境地。对资本持有者来说，既然生产规模扩大化不能带来更多的利润，那么将手里的资本转向投机市场，似乎是个不错的选择。有一段时间，俄国国内的游资特别踊跃。它们不断地转战于粮食和各类原材料市场，抬高或者压低各种生产、生活必需品的价格以谋求利润，然后迅速地逃离。接连的投机行为导致了市场的混乱，加剧了底层人民的困苦。

在诸多因素的作用下，俄国社会正日趋混乱。

不合时宜的农奴制度导致了国内反抗与暴动层出不穷，这曾是令俄国高层下定决心废除这一制度的主要原因。在克里木战争期间，俄国境内的暴乱一度风起云涌，战争3年间共发生了300次以上的暴动。然而事与愿违的是，在《二月十九日法令》颁布以后，暴动与民变非但没有减少，竟还维持着逐年稳步攀升的态势。仅1871年，俄国境内发生的各种民变与成规模的反抗事件就有近400起，新兴产业的工人们正普遍陷于失业和低薪的困境内。此时，流民正在俄国的各大城市内泛滥，他们到处制造事端、扰乱治安，贫民窟成了多数市民不敢涉足的禁区。不可否认，俄国的社会发展正濒临停顿，甚至是倒退。

那么，究竟是谁造成了如此混乱的局面？这个问题并不难回答，因为在全俄罗斯的土地上悬着一个最高的标靶——皇帝亚历山大二世·尼古拉耶维奇！

客观地讲，亚历山大二世的改革意图是怀着善意的。其旨在通过折中的办法使改革双方都感到满意，从而在这场巨变到来时依然能够维持俄国国内局势的稳定。实际上，这位皇帝的政治立场也是倾向于自由化的，其不但开启了俄国地方自治，还创立了延续至今的俄国国家杜马机构①。然而君主及其近臣集团的意志根本不可对抗帝国整个的利益集团，其对皇室与重臣利益的保留更是无法令那些深感失望的底层人民信服。

对于农奴来说，由于不能直接获得土地，所以他们感到不满意。对于地主而言，他们不得不放松对劳动力的控制，甚至需要向以前的农奴出让土地，

① 相当于英国的议会下院。

这令他们更加不满意。让所有人都满意的结果就是所有人都不会满意。更重要的是，他身为俄国的皇帝，最终目的是维持这个建立在各阶层上的帝国，而不是类似普加乔夫那样的起义领袖，可以痛痛快快地玩快刀斩乱麻进行财富的再分配。所以，当这些仅仅收获空有其表的"自由"，实则仍旧一无所有的人，从怀着莫大的希望逐步变为失望透顶的时候；当地主们渐渐丧失对劳动力的绝对控制权，甚至必须要向原本动辄挨皮鞭的对象出让利益的时候——从"小爸爸"到"混账东西"的距离，又能有多远呢？

不满慢慢演变为咒骂，咒骂最后又变成了公开的抗议。受到现实所迫的人很容易产生激进情绪，而一群激进主义者聚集起来又会出现极端倾向，并且迅速被组织起来构成秘密结社。到1874年以后，这些秘密结社的恐怖倾向也逐渐开始抬头。

极端主义者热衷于采用袭击甚至暗杀等恐怖手段，来向社会表达自己的诉求。但更多的时候，他们并不是想要达成某种目的，而仅仅是为了泄愤。在当时，俄国的一切达官显贵、社会名流都会成为袭击的目标。而皇帝作为俄罗斯境内的头号标靶，自然像吸铁石一样不断招来各种袭击。尽管皇室的特务与安保系统守护严密，但在多数组织经年累月的谋划与尝试之下，却也终有疏漏的那一天。1881年3月13日，亚历山大二世终于在圣彼得堡横死于人民意志党成员的炸弹之下。

希望在东方

19世纪中后期，俄罗斯帝国正逐步迈入近代工业国家的行列。其对外贸易形式，开始从主要向西欧输出农产品与初级工业原料，变为兼顾输出简单的工业品。自然地，俄国也就渐渐踏上英、法、德等老牌工业国家的后尘。其对外扩张的最初动机从单纯的领土贪婪，向着产品、资本输出方向发生了根本性转变。

经济的现状迫使其为国内商品获取更大的市场，以保障俄国的资本巨兽能够继续茁壮成长。但在当时，俄国生产的各种工业品无论是质量还是品种上都很粗糙，不足以与欧洲、美洲市场上老牌工业国家的传统优势产品展开竞争。所以俄国对欧洲的输出仍旧以各类农产品、矿物和手工业品为主。

简而言之，此时的俄罗斯正处于迈入工业时代以后，首次产业升级的关口。作为世界各国的惯例，这一时期各种社会矛盾的尖锐对立本是正常的社会现象。然而皇帝遇刺身亡，却也在某种程度上预示着俄国国内的社会的内部压力已经到达岌岌可危的地步。

在亚历山大二世遇刺以后，包括继任者亚历山大·亚历山德罗维奇（即亚历山大三世）在内的俄国上层，均迫切地希望能够找到一条出路，尽快扭转俄国国内如压抑地火山一般岌岌可危的现状。

在一个底层人民饱受贫苦的社会里，面对来自底层源源不断的反抗者，单纯的镇压并非是个好办法，向其输送利益，给予他们一份收入还算可以的工作，保障期能住在干净亮堂的房屋内，过着能维持一定尊严的生活，才是结束纷乱的根本之道。对于那些资本持有者，则要设法给他们提供一个良好而且有前景的市场，使他们手握的资本能够从热钱的形态沉淀下来，转变成一座座的工厂，为底层的人民提供更多的饭碗。

俄罗斯帝国的出路只能在东方。跨越荒凉而萧瑟的中亚与广袤的西伯利亚荒原，在世界的东面，拥有近4亿人口的清帝国此时正因"洋务运动"而焕发着新的生机。这是令任何一个列强都为之垂涎的巨大市场，即便俄国是个姗姗来迟的新玩家，但在东面无论是英国还是法国，均没有足够的力量可以将其拒之门外。

早在皇帝亚历山大二世即位之初，俄罗斯就趁着清帝国陷于第二次鸦片战争危机之时，逼迫清廷与其签署了《中俄瑷珲条约》与《中俄北京条约》，从清帝国的东北疆域割走了位于外兴安岭以南、黑龙江以北，包括库页岛在内的广大领土。尽管这片土地当时还密布着寒带原始森林，处于蛮荒状态，但在毗邻日本海的穆拉维约夫－阿穆尔半岛南端，俄罗斯帝国却收获了这次扩张中最宝贵的战利品——海参崴港。

严格来说，海参崴当时并不算是一个港，只不过是一个拥有几十户人家的小渔村。北部为高地，东、南、西分别被乌苏里湾、大彼得湾和阿穆尔湾包围。港阔水深，港区内拥有数个条件良好的锚地，港外有天然防波堤可以阻挡外海吹来的狂风巨浪。

自彼得一世以来，俄国历代君主都将谋求一个位于温暖海域内的全年不冻港作为帝国的基本使命之一。在此之前，俄国在远东的大本营位于堪察加半岛东部的彼得巴甫洛夫斯克要塞。该港盛产各种渔获，水文条件尚佳，但其所处纬度过高，并且位于副极地大陆性气候范围内，正常情况下一年中有近一半的时间处于封冻状态，实在距离"温水不冻港"的定义相去甚远。而位于日本海内的海参崴港港口水文条件同样优越，且因为纬度较低的缘故，所以每年的冰封期也短了许多，有着很高的利用价值。

占领该地之后，俄国官方便立即注入大量资金，修建码头船务和其他基础设施。并出台各项优惠与税收减免政策，在俄国本土、欧洲和北美广泛地招商引资，以谋求提升该港的商业价值。1860 年，原本驻扎于彼得巴甫洛夫斯克的俄罗斯西伯利亚区舰队也受命移驻海参崴。毋庸置疑，海参崴港的存在将为俄国势力立足远东做出重要的贡献。为了纪念这一重要的进展，俄国官方给这座港口起了一个俄文名字名字——符拉迪沃斯托克[1]，意为"征服东方"。

海参崴的存在，给予了俄国角逐远东的重要支点，也给予了他们参加到列强角逐远东游戏的理由。

跨越西伯利亚

俄国想要进入东方，从海上走几乎是不现实的。帝国现有的主要出海口均位于波罗的海与黑海。这些港口无一例外都处于其传统对手的全程控制之中。且从欧洲驶向远东的海上航路需要绕过整个欧洲、非洲和大半个亚洲，航程高达 18000 海里，任何低附加值商品的运输成本都是所费不赀的。一直以来，英法均利用其亚洲殖民地对华输出，从东方市场上赚取巨额利润。俄国无此条件，自然无法仿效。

既然海上贸易这条路行不通，那么留给俄国的资本与商品进入东方的唯一选择，就是乌拉尔山以西中亚与西伯利亚的千里荒原了。早在 19 世纪 50 年代，俄国的铁路工程先驱们曾就修筑纵贯亚洲大陆北部的铁道系统展开了

---

① 俄语写作 Владивосток，其罗马化拼写为 Vladivostok。

畅想与论证，设想了诸多宏伟而详尽的线路。但在当时，俄国官方一直对此无动于衷。

上层之所以保持缄默是有一定原因的，其中地理因素是最大的阻碍。

在乌拉尔山脉以东的西西伯利亚平原上，水网、沼泽遍布，特别是鄂毕河上游还存在着伊姆格特沼泽。以当时技术条件，在此修筑铁路是不可能完成的工程。故在路线选择上，唯有尽量靠南贴近俄国边境线，彼得罗巴甫尔和鄂木斯克等边境要塞地区穿过。但这样一来，势必导致这条沟通俄国东西部地区至关重要的线路贴近中亚，与同俄国并不友好的浩罕汗国相邻。无论从哪个方面来看，这都是俄国所不能接受的。然而情况在 19 世纪 70 年代开始发生了转变。

在克里木战争中遭受惨烈失败的俄国，十年以后，其军事力量逐步恢复了对外扩张的态势。1864 年，俄军开始在中亚地区频频动作。在此后的 13 年里，凭借哥萨克骑兵的马刀和骑枪，俄军将浩罕汗国与周边一系列游牧部族集团一一毁灭。1876 年，在残酷镇压浩罕民族大起义以后，整个中亚落入俄罗斯帝国的囊中。

控制了中亚，也就意味着俄国有效地确保了其从陆上通向远东道路的侧翼。这也预示着俄国与英国在中亚地区的"大博弈"（The Great Game，俄语称为"Турниры теней"，意为"影子竞赛"）[1]中，终于争取到了一个有利的态势。至此，修筑一条穿越乌拉尔山脉通向俄国远东地区的铁路线，终被提上了俄国政府的议事日程。

俄国的第一条铁路，从圣彼得堡经过柴斯克塞罗到巴甫洛夫斯克的线路是在 1836 年正式通车的，从时间上来说并不算晚，德国的第一条铁路也不过比这早一年而已。但相对西欧来说，俄国铁路的发展速度却显得非常缓慢。直到 1865 年的时候，通车路线的总里程数也只有 3710 公里。其中圣彼得堡至莫斯科的铁路线就占去了其中近一半的里程。而此时德国已经在国内建成

---

① "大博弈"为 19 世纪中叶到 20 世纪初的政治术语,特指英国与沙皇俄国争夺中亚控制权的战略冲突,涉及范围包括整个中亚、波斯以及中国的新疆地区,前期主要以代理人战争的形式展开。19 世纪后期,由于俄国以武力吞并浩罕汗国,双方逐渐展开实质性的对抗。

了网状布局成系统的铁路运输网络并配有完善可靠的调度系统，总通车路程已超过 1 万公里。

在 1870 至 1880 年间，俄国进入了史上第一个铁路建设的高峰时期。铁轨以圣彼得堡和莫斯科这两个中心点，辐射至基辅、明斯克、察里津（Tsaritsyn，即我们熟知的斯大林格勒）等主要城市。铁路建设带动了人员和物资的流动，使大量农村劳动力涌入城市，并使各地的原料可以迅速运抵工厂，产品也能快速流出，极大地促进了俄国工业化的进程和经济的发展。虽然俄国底层人民依然过着贫穷的生活，但此时俄国的主要城市在外观上已俨然一副欧洲文明国家的样子——整齐的街道、彻夜不息的灯火、装饰华丽的剧院、衣着不凡的达官贵人。只要能将眼光集中在这些光鲜的外表上，忽略掉毗连城区成片居住着产业工人的贫民窟和随处可见的乞丐，以及躲在阴暗角落里心怀仇恨随时可能发起袭击行动的极端分子，这似乎是一个很不错的时代。

在俄国显现出繁荣景象的时候，资本世界有史以来的第 14 次金融危机爆发了。此前数年间纺织品市场发展繁荣，相关产业吸纳了大量的投资。在欧洲、美洲和东亚，棉、麻等原料种植面积逐年扩大，棉纱、麻布等纺织原料供应量大大增加。充足的供应量放缓了价格的增长，并逐渐达到产需量阈值，最终使价格进入反转走势。短短半年时间，纺织类产品从原物料到半成品直至成品，其价格一路走低，直至跌破各相关行业毛利的底线。

当资金链其中的一环发生断裂时，就是整根链条崩溃的开始。

由于入不敷出，那些依靠银行贷款来维持生产的投资者，纷纷申请逾期或者暂缓偿还贷款，有些亏损严重的甚至直接宣布破产。大量的坏账压迫金融机构，使整个金融系统运转不良，继而造成更严重的后果。1890 年 3 月，德国法兰克福证券交易所和柏林证券交易所的股价开始暴跌，引来更多失去信心的投资者恐慌性抛售，随即令欧洲的股市处于崩盘状态。

法兰克福证券交易所的股价在此后两年时间内一直处于低迷状态，受此影响，伦敦证券交易所和纽约证券交易所的股价纷纷跳水。在这一年的秋天，各国农业的普遍歉收更是加剧了这一危机——正因为此前纺织品的供销两旺，大量土地被用来种植与之相关的经济作物，粮食等作物的产量有了明显减少。适逢歉收，食品供应量的减少推动了基本食品价格的走高……这种种情况使各国的富裕阶级、中产阶级接连破产，而最底层的劳动群众更是深受其害。

文明世界显然自工业革命以后再一次陷入了这种定期定量的危机之中，然而出人意料的是，当时已经被逐渐视为文明世界一部分的俄国却成了独善其身的唯一例外。究其原因主要有三：第一，当时的俄国只算是刚迈过工业国家的门槛，其工业项目主要围绕农作物和各类工业原料的初级加工为主，属于不管何时何地谁都无法离开的基本所需；第二，俄国国内的资本力量当时尚未构成气候，形成西欧和美国那样庞大的单纯逐利而行的投资者群体，也没有因为欧美投机种植经济性作物而盲目跟随，所以其外贸依赖的农产品出口反而因今年美洲与欧洲粮食种植面积的减少获利颇丰，特别是在农业种植上；第三，俄国并未遭到反常气候影响导致农业歉收。

综合上述原因，结果就是当整个欧洲因粮食短缺与金融混乱而动荡不堪的时候，俄国却能较往年更高的价格出售其产自乌克兰谷仓地带的优质玉米和小麦，赚了个盆满钵满。此外，因为相对独立于西欧市场且稳定到堪称繁荣的国内经济状况，俄国一度成为欧洲资本规避风险的避风港。在很短的时间内，西欧资本涌入俄国，投资一切可以投资的东西，极大地充盈了俄国国内的资本市场。

与充盈的国内资本市场相伴的，还有因融资市场几近崩溃而滞销的西欧钢铁、机械加工设备，以及此前一直对俄国封锁，但当下不得不开放的技术市场。繁荣并未冲昏俄国上层的头脑，因为谁都清楚，随着俄国国内产业的逐步升级，这可能是他们最后一次在危机中独善其身了。必须利用这次危机的红利，夯实俄国那本就脆弱的基础。开发东部地区，沟通俄国的欧洲部分与太平洋沿岸已经刻不容缓。

1890 年年中，俄皇亚历山大三世颁发敕令，宣布俄国将修筑总长 8762 俄里（约 9290 公里），从莫斯科直通符拉迪沃斯托克的西伯利亚大铁路，正式加入到列强对远东利益争夺的行列之中。

为了表示对这一浩大工程的充分重视，俄国皇太子尼古拉·亚历山德洛维奇（也就是后来的末代俄皇尼古拉二世）将担任西伯利亚铁路建设委员会委员长。

→• 在东方的存在感 •←

1891 年 5 月 31 日，在"大津事件"中头部受伤的俄国皇储尼古拉，以头缠绷带的姿态，亲手为西伯利亚铁路东端工程敲下了代表奠基的第一枚金色道钉。这一仪式象征着西伯利亚铁路建设的全面启动，也代表着俄国东方战略的开始。

在最初的规划中，俄国计划依托海参崴港为根据地，凭借西伯利亚铁路将帝国在欧洲的力量有序地投送至东北亚地区。随着在东方力量的逐步增强，俄国将加快对清帝国东北疆域的渗透，并渐渐控制这些地区。

1731 年，俄国在太平洋海岸设立了第一个海军单位——鄂霍次克区舰队，其任务最初只局限于海岸巡逻和保护渔船。1799 年，3 艘三桅护卫舰被派往鄂霍次克海，组成该地区首支具有实际作战能力的舰队，其编制也被升格为西伯利亚区舰队。

1849 年彼得巴甫洛夫斯克港建成，并一度成为该舰队的母港。但在一年之后，舰队依据圣彼得堡传来的命令移驻到阿穆尔河畔尼古拉耶夫斯克。在从清帝国手中夺取整个乌苏里江以东地区后，西伯利亚区舰队的驻地于 1871 年迁到了阿穆尔半岛南端的海参崴。几年以后，俄国海军部以海参崴为母港，又独立编组了太平洋舰队，其编制规格较西伯利亚区舰队要高，与波罗的海舰队、黑海舰队、北方舰队平级。最终构成了代表俄国海军圣安德烈旗的第四个角。

在十余年间，俄国政府不遗余力地投入建设海参崴港。当地虽然拥有良好的水文条件，但不具备任何现代港口设施。俄方工作的重点，包括在金角湾沿岸开挖大型船坞、建立规模巨大的修造船设施、设立远东通讯中心、疏浚通向阿穆尔湾与乌苏里湾的航道等等。这等于是在很短的时间内，试图在东方修建一个崭新的喀琅施塔得港，并且要求其具备圣彼得堡商港的能力。

尽管海参崴港的冰封期远比彼得巴甫洛夫斯克和尼古拉耶夫斯克要短，但长达 4 个月的冰封期无论对海军还是商贸航行都是一个考验。商船可以选择在冰封期停运该航线，但是舰队不能随意离开母港。于是，在相当长的一段时间内，俄国东方舰队就像一群候鸟，每逢冬季必定南驶。在1871年至1900年间，俄国舰队先后靠泊过日本长崎、英占香港、新加坡等港口。当然，在胶州湾被德国强占之前，俄国舰队靠泊次数最多的越冬锚地还属这里。

19世纪末，由俄国著名海洋学家、海军战术专家、资深海军技术军官斯捷潘·奥斯波维奇·马卡洛夫组织设计出了史上第一型破冰船，在一定程度上缓解了冰封期船舶的通航问题。1899年，由俄方设计、英国建造的世界上第一艘专用破冰船"叶尔马克"号①服役，接着被迅速投入俄国北方水域的冬季破冰工作，并在之后的服役生涯内多次执行北极探险、救援任务。1900年以后，随着新式破冰船成批建成，俄国政府也开始为海参崴港乃至其他俄国远东港口配属这种功能型船舶，以求缓解冰封期的航行难题。然而尽管如此，舰队在冬季的行动仍多有不便。

也是基于上一个原因，虽然自19世纪80年代末起，俄国日趋重视其远东领土。但在相当长的一段时间里，俄国部署在东方的舰队一直以各种轻型舰艇为主。

在俄国上层之间，加强远东舰队的呼声从未中断过。甚至在皇帝的近臣中，亦不乏其人。例如1896年，亚历山大·米哈伊洛维奇大公②就在提交给御前会议讨论的一份长篇备忘录中表示，"除非我们能够维系（东北亚近海）控制权，否则我们便无法持久地保持西伯利亚铁路（一直）通向海洋"。在该备忘录的附录中，大公依据多方收集到的讯息，认为俄国在远东的主要潜在对手日本正积极着手进行对俄战争的准备，其海军舰队将于1906年左右完成准备工作——作为一种必要的应对措施，俄国"应当在1903年之前完全具备应对这种局面的能力"。所以大公建议，俄国海军应该从欧洲调拨主力舰艇以强化远东地区。

无论从军事还是政治角度，这种建议都是正确的。所以在此之后，俄国派遣了部分主力舰和大型巡洋舰前往海参崴驻泊，其中包括战列舰"纳瓦里诺"

---

① 在此之前服役的少量可在冰封区航行的船只，均是利用现有船舶改装而成的。
② 俄皇亚历山大三世的堂弟，尼古拉二世统治前的近臣之一。

■ 低舷铁甲舰"纳瓦里诺"号

号和"伟大的西索亚"号。但进一步加强远东俄舰队的要求是不现实的，因为海参崴港冰封期与俄国东部地区的维持能力①是无法回避的问题，现实限制了俄国进一步在此部署作战舰队的规模。

耐心等待与逐步巩固，对俄国来说似乎是唯一的选择。直到 1897 年年末，德国舰队强租大连湾事件发生为止。

夺取关东州租借地前后的东北亚形势

1898 年 3 月 27 日，清廷被迫接受了俄国强加的《中俄旅大租地条约》。

这一事件标志着俄国的东方战略乃至整个国家海洋战略，取得了前所未有的突破——即俄国第一次获得了一个位于较低纬度地区的全年不冻港。更重要的是，这个港口直面拥有 4 亿人口的清帝国以及整个东亚，面朝太平洋。

但是，突如其来的成功也带来了巨大的难题。

---

① 由于缺乏可靠的陆上通道，所有物资均要从俄国的西部地区运来，航程在 1.8 万海里以上。其运输成本甚至比去日本和太平洋彼岸的美国采购所需的费用还多。

自 19 世纪 70 年代起，俄国已向海参崴港投入了数以亿计的卢布。而俄国的整个东方战略，以始自雅布诺洛夫山脉之阴的赤塔，顺着海兰泡、伯力延伸至海参崴的西伯利亚铁路线为基准，逐步向南蚕食，最终渗透并控制清帝国北疆。俄国人的胃口非常之大，在远期构想中，他们妄图吞并位于清帝国长城之外的全部领土。

然而，上述由北向南逐步蚕食的构想，在 1898 年年初遭到了重创。正如之前所说的那样，在诸多偶然因素的作用下，俄国经过一次非理性的军事冒险行动，意料外地夺取了地理位置优越、战略价值巨大的新关东州①。然而，当位于圣彼得堡的俄国权贵们沾沾自喜地审视这一战果时，却猛然发现这个战利品孤悬于俄国试图吞并的清帝国北方领土的最南端。

辽东半岛曾是甲午战争后日本的战利品之一，作为割让地被列入《马关条约》中。然而，俄国早已对清帝国北方领土做出了"规划"，这份条约无疑损害到了俄国的利益，同时也使对中国山东地区怀有企图的德国感觉到日本可能会产生的威胁。于是俄国联络了德国，连同基于俄法传统关系考虑而采取共同行动的法国，上演了著名的俄、德、法"三国干涉还辽"的历史闹剧。1895 年 4 月 23 日，三国政府向日本政府正式发出通知："今日本国割占辽东，既有危害中国首都（北京）之虞，也让朝鲜国之独立有名无实，有碍维持远东之和平，故今劝谕贵国确认放弃占领辽东半岛。"

突如其来的威胁令日本国内措手不及。日方紧急寻求英美支持，但未获得任何实质性的结果。英国是俄日两方都曾争取过的力量，对于英国而言，日本在华的扩张是对自己有利的，因为这不仅可以迫使清帝国开放更多的沿海口岸，而且日本在东亚势力的拓展势必会在清帝国的北疆地区构筑一道阻碍俄国向南渗透的屏障。不过，考虑到日本当时尚无直接挑战俄国的能力，并不愿意贸然开罪俄国的英国政府，选择了中立态度。于是，一切已由不得日本说一个"不"字。

---

① 俄语称之为 Квантунская область，包括辽东半岛最南端的旅顺港和大连湾地区，总面积达 3200 平方公里。当时山海关以东地区称为关东，因此将旅大租借地称为"关东州"。日本占领期间，也沿用这一叫法。

1895 年 11 月 8 日下午，《中日辽南条约》在北京签订，规定清帝国将支付给日本 3000 万两白银作为赎辽费，全部款项最迟于 1895 年 11 月 16 日交清。作为回报，3 个月以内日本军队将完全撤出辽东地区。然而，清帝国耗费巨额赎回的土地，也不过继续统治了两年多而已。

承认现实不等于甘于现实，而日本的扩张目标，也将不可避免地在清帝国的东北疆与俄国的东方战略发生碰撞。日本历来不乏岛国的忧患意识，所以对俄日之间可能爆发的冲突，早在俄国提出西伯利亚铁路建设计划那一刻就已有所警觉。不过，作为被列强坚船利炮轰开国门的后进国家，日本虽已维新图强，却还不具备挑战欧洲传统列强的资格。

甲午战争结束以后，天文数字般的赔款对日本经济发展与基础建设产生了巨大的刺激作用。1897 年 10 月，以 7260 多万日元的赔款金货作为银圆兑换的准备金，日本政府成功启动了金本位制改革。通过这次金融改革，日本迅速融入了当时的世界经济体系。此外，赔款也帮助日本完成了工业体系的初步建立，例如 1891 年通过预算案却因为资金问题被搁置的八幡制铁所，正是得益于赔款终在 1897 年破土动工，而八幡制铁所后来也逐步发展成了日本钢铁工业的原点。

俄国强占旅大地区早就在日本政府的预料之中。不过，高层之间就是否走向与俄开战的问题上一直莫衷一是。毕竟，俄国的强大远非清帝国可以相比，所以有相当一部分老成持重的维新元老，例如伊藤博文、井上馨等，希望通过对俄做出让步的方式，使双方在分割远东势力范围的问题上达成妥协。在保障日本既得利益的前提下，避免在不远的将来爆发一场可能会输掉的战争。

然而新问题的出现，势必会打破日本政府内稳健保守派的和平梦想。

朝鲜问题

自古以来，朝鲜是亚洲大陆抵御东部海上入侵的桥头堡，也同样是列强踏上亚洲大陆四处掳掠的跳板。而最终引爆日俄之间关键性冲突的，正是源于朝鲜问题。

鉴于甲午战争以后日本咄咄逼人的势头，以及武备具废迫在眉睫的国防威胁，1896 年在俄国反复的威逼利诱之后，清政府特使李鸿章在赴俄祝贺沙皇加冕典礼的同时，与沙俄签订了所谓《御敌互相援助条约》，简称《中俄密约》。该条约允许俄国在清帝国境内抄近路，修筑一条穿过东北地区（即当时概念中的"满洲"），最后直通海参崴的铁路。作为回报，俄国将在该地区提供给清国军事上的支持，以对抗日本来自朝鲜半岛的威胁。

"富国强兵"和"以夷制夷"曾是贯穿李鸿章政治生涯的两大"法宝"。但在甲午战败以后，既然前者已经沦为镜花水月，后者自然也就成了最后一根稻草。在清帝国武备具废的状态下，这一所谓的"互助条约"本质上是许可俄国军事力量任意进入满洲的特别通行证。其算盘打得不可谓不实惠，既利用地理上的捷径大大加快了西伯利亚铁路全线的贯通时间，又可以使俄国的力量名正言顺地进入满洲北部。也许，俄国会在满洲和日本西进的力量爆发一场战争——但这绝不会是为了清帝国的利益。然而，即便过往的一切已明白无误地展示了俄罗斯帝国的本性，可对于当时已处风雨飘摇中的帝国而言，纵使这是一杯毒酒，饥渴难耐的清帝国政府也只能一饮而尽。

在随后的一年多时间里，俄国的勘测队走遍了东北亚人迹罕至的黑土地。俄国人在松花江畔的大平原上选择了一处被称为哈尔滨的地方筑城，作为其控制这条铁路线乃至整个满洲的中心。随后，工程师们精心规划了西起满洲里东至绥芬河，途径呼伦贝尔、哈尔滨、牡丹江，总长 1480 公里的铁道线路。这条横贯松嫩平原的铁路，便是中国近代史上赫赫有名的"中国东省铁路"，简称"中东铁路"。[1] 随着 1898 年 3 月 27 日《旅大租地条约》的签署，俄国进一步逼迫清政府许可其在中东铁路干线的基础上，修筑一条由哈尔滨途经长春，向南一直通往旅顺的支线，史称"中长铁路"[2]。

以中东铁路和中长铁路为基础，俄国轻而易举地将手直接伸入了清帝国的东北疆域，其控制区域以哈尔滨为中央节点，西起满洲里东至绥芬河，向南一直延伸到了辽东半岛最南端的旅顺。在短短两年内，俄国趁着清帝国甲午

---

[1] 当时称为"大清东省铁路"，即"东清铁路"。
[2] 中国长春铁路。

战争以后的危局，顺利地将势力范围扩展到了整个满洲。无怪乎当时圣彼得堡的高层个个心满意足的模样。

然而，占据的势力范围和直接的土地吞并还是有所区别。除了铁路本身外，俄罗斯帝国当时在满洲境内直接掌握实际控制权的，仅限于哈尔滨等少数地区。包含旅顺和大连（当时还叫达里尼）在内的新关东州，与俄国力量占据优势的北满地区全凭中长铁路连通。

俄国虽然可以护路为名，沿着铁道线的车站派驻一些骑兵部队，但规模和总兵力都有限制。在这种情况下，盘踞于朝鲜半岛的日本势力就成了来自侧翼的巨大威胁。特别是在辽东半岛北部，中长铁路沿着辽阳—盖州一线顺着千山山脉西北侧进入辽东半岛，其与鸭绿江彼岸的朝鲜新义州直线距离不过 150 公里。只要日本在朝鲜北部屯驻一定的地面部队，那么他们便可随时挥师过江，从陆上切断关东州与俄国其他控制区的联系。

对于俄国而言，日本在朝鲜的军事存在是他们所不能容忍的。对此，俄国从未考虑过妥协，更无意与之实现互信。因为即便是战胜过清帝国的日本，充其量也只是两只黄猴子中比较强壮的那只而已。

综上所述，自俄国占据旅大那一天起，新老两个帝国主义国家之间和平瓜分东北亚的可能就随风而逝了。战争是必然的结果。唯一的疑问，只是还要多久才会爆发？

强租旅大事件

1897 年 12 月 15 日上午，由海参崴方向驶来的俄国主力舰队突然出现在了旅顺港外。

战列舰"纳瓦里诺"号、"伟大的西索亚"号与巡洋舰"德米特里·顿斯科伊"号在港外下了锚，随行的俄国轻型舰则穿越旅顺口直接驶入港内。在俄舰乌黑的炮口威慑下，港内的清军只能坐视这群不请自来的瘟神恣意妄为。

尽管早就怀有染指辽东的野心和预谋，但俄国的这次入侵行动却是在仓促中发动的。

就在一个月前，利用"曹州教案"为借口，德国悍然出兵抢占了胶州湾。而这里作为俄国东方舰队的传统越冬锚地，也是俄国方面觊觎已久的，德国单方面的行动几乎酿成了俄德之间的冲突。经过紧急的外交斡旋，俄国最后选择了咽下这口气，转而抢占辽东半岛最南端的旅大地区，作为其错失胶州湾的"补偿"。

然而，俄国在辽东的存在却损害到了英国的在华利益。早在 1858 年签署的《天津条约》上，位于渤海湾最北部的牛庄就成了被指定开放的港口之一，一直代表着英国在华利益的北部疆界。

12 月 29 日，英国远东舰队的 3 艘巡洋舰突然出现在了旅顺港外。其中 1 艘甚至驶入港内与俄国舰队毗邻停泊，无声地宣示着不列颠的存在。但是，英国目前能够做出的表态也不过如此。在遥远的南部非洲，日不落帝国的军事力量正在集结，全力谋划着第二次入侵德兰士瓦的行动。此刻，英国政府

■ "伟大的西索亚"号进入地中海执行处女航前拍摄的照片

无意与俄国发生直接冲突。然而为了不列颠的利益，必须要遏制俄国在远东的扩张。于是这个经验老到的资深列强再度祭起代理人战争这一法宝，而这一次，他们将目光落在了日本列岛之上。

1898 年 3 月 3 日，俄国政府正式向清政府提出租借旅顺、大连湾地区的要求。甲午战争彻底废去了清帝国的"武功"，门户洞开的清廷对此无力抗拒，被迫于当月 27 日签署《旅大租地条约》。

旋即，锚泊在旅顺湾内的俄国舰队收到消息，迫不及待地举行了占领仪式。由俄国舰队司令亲自统帅一千多人的俄军陆战队登上黄金山，在那里升起帝国的白蓝红三色旗。6 天以后，同样的景象又在大连湾重演了一遍。

大连湾有着极佳的水文条件，是天然的优质商港。而旅顺作为前清军北洋水师的两大母港之一，是一个理想的海军要塞。在短短一个月时间内，皇帝尼古拉二世和其近臣集团通过这种近乎蛮干的冒险方式，得到了之前几个世纪内帝国先祖们所追求的一切。

■ "伟大的西索亚"号战列舰

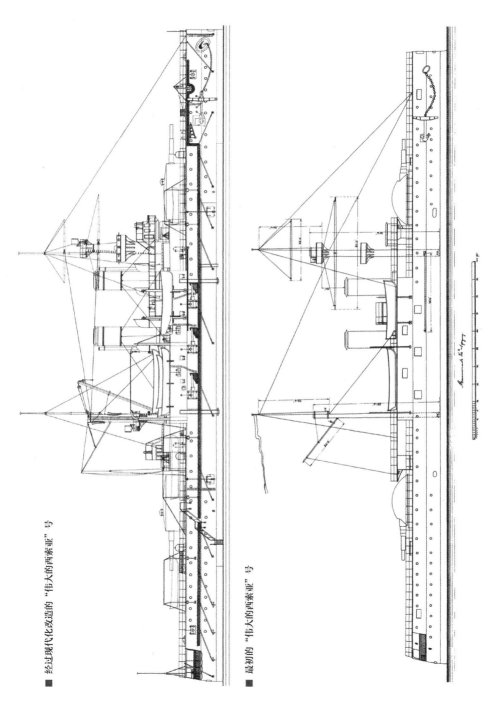

■ 经过现代化改造的"伟大的西蒙亚"号

■ 最初的"伟大的西蒙亚"号

然而，突如其来的成果不但打乱了俄国原本对东方战略的规划及部署，也将自己置于和英国直接对抗的境地。更为重要的是，这一举动也彻底地激怒了日本。这个正快速崛起的新兴国家，此时仍然在为两年前的"三国干涉还辽"事件耿耿于怀。

远东的海军竞赛

旅顺军港和达里尼商港，对俄国迈出东北亚辐射整个东亚地区有着非凡的意义。其位于全年不冻的温带海域，扼守清帝国京畿咽喉渤海湾北岸，向东辐射朝鲜半岛乃至日本九州，向南则覆盖整个中国沿海地区。

自俄国占领旅顺港那一刻起，就意味着其在东北亚和日本之间的博弈进入了一个全新的阶段。而当务之急，是必须加强俄国在远东的海军力量，确保这个点能够依托舰队的存在而化为面。与此同时，立即强化旅大地区的海陆防御，改变其易于遭到攻击的缺陷也是极为必要的。

在海参崴时代，俄国部署于远东的海军力量以巡洋舰为主。1895 年年初，俄国海军部署于远东的舰队共计有各型巡洋舰 8 艘、驱逐舰 6 艘、炮舰 8 艘和鱼雷艇 3 艘。这些舰艇分别归属于两个作战单位：由 7 艘一等巡洋舰、2 艘驱逐舰、4 艘炮舰、3 艘鱼雷艇构成的俄国海军太平洋舰队；下辖 1 艘二等巡洋舰、4 艘驱逐舰、4 艘炮舰的西伯利亚区舰队。

鉴于"三国干涉还辽"事件造成了远东的紧张气氛，俄国于当年 11 月召开御前特别会议，讨论帝国在远东的舰队部署问题。尽管在会议上，各方一致认为，目前日本正在努力扩充其舰队，所以"俄国必须立即就……为远东指定造舰计划，到日本完成海军扩军计划后，我远东舰队应大大强于日本"。不过，在港埠和支持设施不完善的情况下，海军最后只为远东舰队争取到新造 8 艘驱逐舰和 2 艘炮舰的预算，并得以将少量部署在欧洲的重型舰艇调往东面。

在此之后，增强远东海军力量的呼声此起彼伏。如上文所述，到了次年亚历山大·米哈伊洛维奇大公也专门呼吁过以俄国现有部署于欧洲的舰队去充实远东地区。

俄国海军技术委员会特意为远东舰队建造舰艇拟定的正式方案，于 1897

年出台，史称《海军七年发展计划》。该计划包括建造 5 艘战列舰[①]、16 艘巡洋舰、30 艘驱逐舰，以及 4 艘布雷巡洋舰。海军部表示只要有足够的预算，上述舰艇的建造任务可以紧随目前正处于施工状态的佩列斯维特级快速战列舰和彼得巴甫洛夫斯克级战列舰，在未来的 7 年内全部建成。这些舰艇最快可于 1905 年年底之前——即计划中的西伯利亚大铁路全线贯通期限到来之时，悉数部署至远东地区。

对于海军的这一方案，圣彼得堡方面起先犹豫不决。但随着 1898 年强租旅大事件的发生，皇帝尼古拉二世迅速批准了上述方案。

虽然一直缺乏足够的支持设施，但为了增强俄国舰队在远东的军事力量，

■ 建造中的战列舰"彼得巴甫洛夫斯克"号

■ "彼得巴甫洛夫斯克"号完工后的照片

---

① 即后来的 5 艘博罗季诺级战列舰，当时俄罗斯帝国刚好拥有 5 个能够建造大型主力舰的船台，可以说是满打满算。

■ 3艘彼得巴甫洛夫斯克级战列舰，照片拍摄于旅顺

海军仍不断将位于波罗的海的舰艇派往远东，其中包括部分海军主力舰。截止 1901 年年中，俄国海军总共在远东地区部署了战列舰 3 艘，大型巡洋舰 5 艘。这些舰艇来源复杂，建造时期不一，使用的技术也多种多样，显示军事存在的价值更胜于实际作战能力。

在 3 艘战列舰中，只在船艏配置一座双联装 12 英寸主炮塔的"尼古拉一世"号属于铁甲舰时代的古董。"纳瓦里诺"号虽然具有艏艉轴线主炮构造，却也是设计用于波罗的海内近海防御的老式舷铁甲舰。仅"伟大的西索亚"号式样较新，船只构造和布局已达到了前无畏舰标准，具备相当强的战斗力。而"纳希莫夫海军上将"号、"德米特里·顿斯科伊"号、"弗拉基米尔·莫诺马赫"号和"科尔尼洛夫海军上将"号这 5 艘巡洋舰，均建造于 19 世纪 90 年代以前，式样老旧技术落伍。更由于海参崴港设备不足，旅顺基地尚未改建完毕等原因，上述舰艇在很长的一段时间内只能进行基本的舱面维护。

随着两次入坞间隔时间的延长，到了 1902 年年初，部署于远东的俄国主力舰队的状况已经变得非常糟糕。藤壶和海藻附满了水底下的船体，大幅度增加了航行阻力，主机也因为长期未进行大修而故障频发，部分船只甚至连火炮都出现了严重的故障。海军急需将其调往北美寻找船厂进行维护，并另外从波罗的海抽调舰队接替现有的船只。

1901 年至 1903 年，俄罗斯帝国波罗的海舰队在圣彼得堡的命令下，将其绝大部分主力舰和新锐巡洋舰编组成军，陆续部署至远东地区。这批舰艇中的绝大多数，都是在 1890 至 1900 年之间完成的新锐。

然而，这次俄国所要面对的早已不是当初击败清帝国的那支寒酸的日本舰队。

→ 俄太平洋舰队的部署 ←

甲午战争的赔款以及之后的赎辽费，使日本从清帝国获得了共计约 2.597 亿两白银，折合日元 3.895 亿的赔款。其中被划归军费的部分达到了 1.79 亿日元之多，几乎占到半数。日本海军成为这笔巨额军费的最大受益者，划拨用于购置新式主力舰和建造海军船厂的经费达 1.25 亿日元。而且为了加强舰队内的辅助力量，添置各种驱逐舰与鱼雷艇，日本政府又专门划拨了 3000 万日元充当"军舰水雷艇补充基金"。

充足的经费使日本海军终于不必再像几年前发布《建舰诏勅》时那样，靠着全国上下勒紧裤腰带的方式来凑够造舰预算。随着海军的第一期扩张计划（1896—1902 年）和第二期扩张计划（1897—1905 年），日本海军迅速从那支依靠防护巡洋舰与"三景舰"挑大梁的"草台班子"，进化成了世界级海军。不但甲午战争期间掳获自清帝国北洋水师的远东第一舰"镇远"号与其他旧舰迅速过时，凭借上述两个计划更是一步登天构筑起了一支由 6 艘最新式战列舰与 6 艘新型装甲巡洋舰（史称"六·六舰队计划"）为骨干的舰队。

《建舰诏勅》

1893 年甲午战争爆发前，时任海相的仁礼景范会同时任枢密顾问官的桦山资纪（甲午战争时期担任军令部长官，以"为了能在有生之年目睹海上决战，又不至于干涉指挥官的职权"为由，搭乘联合舰队中最弱的"西京丸"号亲历大东沟海战而闻名），向议会提议拨款 1955 万日元在英国购买最新式甲铁舰 2 艘、巡洋舰与通报舰各 1 艘。在当时日本看来该拨款案的金额属天文数字，于是遭到了议会的否决。不过，两人的议案却得到了明治天皇的鼎力支持。2 月 10 日，睦仁在御前会议上发表了《建舰诏勅》，表态计划在 6 年间每年减少内帑（皇室宫廷花费）30 万日元（约合 20 万两白银），文武官员一律减俸一成，以助海军造舰。在皇室如此高调并以实际行动做出支持以后，日本议会只好再次决议，最终通过了一个 6 年内拨款 1808 万日元的预算。日本国民受到高层的激励与鼓舞，也为此踊跃捐献，终于筹足了款项，能够建造有效克制甚至彻底摧毁"定远"号和"镇远"号这 2 艘东亚巨舰的舰艇。这笔钱最后落实在了英国的船厂中，成了后来的战列舰"富士"号、"八岛"号，防护巡洋舰"明石"号，通报舰"宫古"号。

1902 年 5 月 18 日，"六·六舰队"的最后一个组成部分，由英国巴罗因弗内斯船厂建造的战列舰"三笠"号驶入了横须贺港，并于 7 月 17 日到达舞鹤港加入了日本海军序列。至此，"六·六舰队计划"构想的全部主力舰均已服役。日本海军舰艇的质量与战斗力，已经不亚于英国海军任何一支分舰队。

俄罗斯帝国并未坐视日本海上力量爆发式的增长。

随着旅顺港改建工作的推进，通过大规模扩建旅顺东港区海军船坞和修造船码头，俄国海军在远东的保障环境得到了极大的改善。曾经用于"定远"号和"镇远"号的干船坞经过俄国工程师的扩建，已经能驶入排水量低于 12000 吨的战列舰。而此前，俄国舰队在远东拥有的最大船坞位于海参崴，仅能容纳 6000 吨级的巡洋舰。旅顺港船坞设施的改建意味着，俄国海军在远东地区首次具备了能够提供大规模舰队长期驻泊的母港。

在 1902 年，从波罗的海抽调至远东的主力舰总共有 6 艘，其中包括 11000 吨的彼得巴甫洛夫斯克级战列舰 3 艘、12600 吨的佩列斯维特级快速战列舰 2 艘，以及由法国地中海造船厂建造的装甲巡洋舰"巴扬"号（7800 吨）。

彼得巴甫洛夫斯克级战列舰原本被设计用来在波罗的海与德国海军的新式

■ 圣彼得堡海军工厂内，"佩列斯维特"号的254毫米主炮系统组装完成，俄国海军对其威力极其不满

装甲巡洋舰相抗衡，配备有 12 英寸主炮和足够抵御巡洋舰炮火的装甲，不过航速相对较低，仅 16 节。佩列斯维特级快速战列舰船体狭长且装甲脆弱，只配备了 10 英寸主炮，但航速能达到 19 节，佩列斯维特级原计划用在广阔海域内充当巡洋舰队的核心力量。因为在俄国原本的规划中，英国是他们在远东的主要敌人。一旦战争爆发，这种能够毁灭敌方装甲巡洋舰的快速战列舰，将与其他俄国巡洋舰一起在太平洋上拦截英国航行于远东的一切船只，彻底摧毁英国在远东乃至北美洲西海岸的海上贸易网。

但日本海军的迅速增强迫使俄国转变了假想敌。随着旭日旗在各种最新式的英制主力舰上飘扬，原有的《海军七年发展计划》显得相形见绌。

凭借巨额军费的支持，日本的舰队就像变戏法一样日益壮大。其速度之快，新增舰艇质量之好，使俄国海军以及宫廷决策层产生了一定的危机感。例如，尼古拉二世就曾经对近臣表示过，他认为在对阵日本战列舰时，佩列斯维特级的 10 英寸主炮很难讨到便宜。对此，皇帝本人的意见是：再追加建造 2 艘主力舰。而这恰巧与俄国海军技术委员会的看法不谋而合。然而，即便有皇帝的支持，这项计划目前也很难在俄国国内完成——在建的博罗季诺级已占用了俄国现有的全部大型船台。权衡之后，本着充分利用海外资源与广泛汲取外国先进造船经验的目的，俄国决定对外订购 2 艘 12000 吨级的最新锐主力舰。这两份订单最后分别花落美国与法国，成了之后著名的战列舰"列特维赞"号与"皇太子"号。

1902 年，"列特维赞"号与一同在美完成的防护巡洋舰"维京人"号抵达旅顺，"皇太子"号则于次年加入俄罗斯太平洋舰队序列。这 2 艘外购战列舰，成为驻守该地的俄国舰队中最强大的主力舰。其余在 1890—1900 年建造于波罗的海船厂内的各型巡洋舰，例如："帕拉达"号、"狄安娜"号、"世袭贵族"号、"大臣"号、"阿斯科尔德"号、"奥列格"号，也先后在这一时期东行，加入到舰队序列中。这些船只再辅以 3 艘通报舰、4 艘炮舰、25 艘驱逐舰和数艘军用运输船，构成了俄罗斯太平洋舰队的全部。此外，新建万吨级大型装甲巡洋舰"俄罗斯"号、"风暴使者"号，6000 吨防护巡洋舰"英雄"号则被俄国海军部部署在了海参崴港。连同早前布置在该地的老式装甲巡洋舰"留里克"号，构成了一支独立的巡洋舰支队。

■ "皇太子"号船体下水照片，1901年

■ "皇太子"号海试照片

■ "皇太子"号主炮吊装照片

临近战争

1903 年 7 月 14 日，在数十万中国劳工夜以继日的付出后，中东铁路全线贯通。西起满洲里，东及海参崴，南至旅顺，俄罗斯帝国在东北亚的交通线布局已基本成型。远在万里之外的乌拉尔山以东，从中亚穿行的铁路线经过数年的努力，已跨越了茫茫草原，深入到蒙古高原境内。1903 年下半年，东面和西面的轨道逐渐在贝加尔湖地区汇聚，即将进入整条铁路施工的最后一个瓶颈——贝加尔湖南线工程。

就在不久前的"庚子之变"中，俄国曾出动重兵集团深入"满洲"——即清帝国"东省"境内，清剿义和团武装，解救己方被困的筑路队和侨民团体。同时俄军借口有许多侨民遭到杀害，占领了当时清国在黑龙江以北唯一的控制区海兰泡，并将那里的华人屠戮一空，从而保障了自该地区东北穿过的西伯利亚铁路干线的安全。随后《辛丑条约》签署，列强在华的军事行动逐渐终止，各方先后撤离在华部队。然而此时，俄国不仅不愿意依约撤离在东省地区的部队，反而一再向清政府威逼利诱，试图获取上述地区更多的控制权。当然，俄国的这些企图被清廷透露给了其他列强，并立即引发了众怒。在各种外部压力之下，俄国才被迫撤离了屯驻于满洲的部队。

"庚子之变"的余波让日本进一步感受到了威胁。连同 1901 年 1 月，俄国驻日公使照会日本政府要求将朝鲜半岛"中立化"的建议一起，被视为无法在东北亚与俄国共存的明确信号。感受到俄国威胁的不仅是日本，还有英国。这个历来以搞"大陆平衡政策"为乐，热衷于让有冲突的双方互相制衡，最终自己从中取利的资深搅屎棍，却在 20 世纪初陷入了布尔战争的泥潭，难以抽身。不过，日本的存在也使代理人战争经验丰富的英国看到了机会。

1902 年 1 月 30 日，英国外交大臣兰斯多恩侯爵菲茨莫里斯和日本驻英大使林董签订了《英日同盟条约》。这份盟约的主要内容是缔约双方相互承认有权保护自己在中国和朝鲜的利益——一旦英国在中国的，以及日本在中国和朝鲜的"特殊利益"遭到他国威胁，或因中朝内部发生"骚乱"而受到侵害时，两国均有权进行干预。条约还进一步规定，只要缔约国一方为保护上述利益而与第三国作战时，另一方应严守中立；如缔约国一方遭到两个或两个以上国家进攻时，另一方应予以军事援助，共同作战。简而言之，这份条约的存在确保了日本可以只和俄国一方展开战斗，且如果战胜对手不会再出现类似"三国干涉还辽"这种被横插一杠抢夺战利品的局面。然而，这个条约的时效只有 5 年，这也就大致为日本和俄国之间即将爆发的战争划定了时限。

海上的对比

1903 年年末，在旅顺与海参崴港，俄罗斯帝国太平洋舰队已经成形。

这支舰队包括两个主要部分，驻扎旅顺的太平洋舰队第一中队，以及屯驻海参崴的装甲巡洋舰分队。前者包含了当时俄国海军的全部精华——3 艘塞瓦斯托波尔级战列舰、2 艘佩列斯维特级快速战舰、"列特维赞"号、"皇太子"号，以及装甲巡洋舰"巴扬"号；后者拥有 3 艘万吨级装甲巡洋舰和 6000 吨的防护巡洋舰"英雄"号。与日本海军当时的全部主力舰相比，俄国人的战列舰要多出 1 艘，装甲巡洋舰则多出 2 艘。

不过，纯粹数量上的比较并无多大意义。日本海军全部购自英国的战列舰

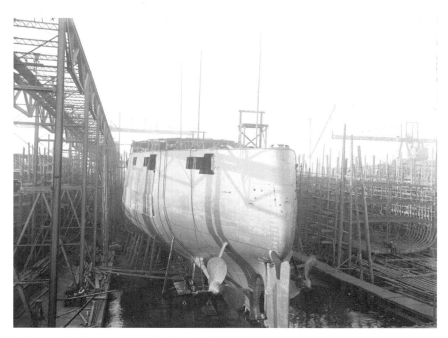

■ 1900年年末，"列特维赞"号下水前夕的照片

大致可分为两类：2 艘较老式的富士级和"朝日"号、"敷岛"号、"三笠"号、"初濑"号这 4 艘新舰。前者订购于甲午战争之前，由于当时的装甲技术较为落后，需要在主防护区水线位置堆砌厚 18 英寸的装甲带。沉重的水线装甲带占用了大量的吨位，限制了有效防护面积的扩大。但从"朝日"号开始，新订购的战列舰均采用了维氏表面硬化技术和克虏伯公司开发的碳渗透法，结合新式镍钢材质，使装甲防护能力显著提高。自"朝日"号之后的 4 艘战列舰，侧舷主装甲带仅厚 9.2 英寸，几乎只有"富士"号和"八岛"号侧装甲带厚度的一半，重量也只有其 60% 左右。剩余的重量被用于扩大船体的防护面积，大大增强了战舰在战斗中的生存能力。俄国海军的舰艇中仅"列特维赞"号与"皇太子"号采用了这种新式装甲钢，自建的塞瓦斯托波尔级与佩列斯维特级都使用类似富士级战舰那种老式的装甲材质，防护面积只有"朝日"号和"皇太子"号等舰的一半左右。

　　装甲巡洋舰方面也存在着类似的问题。"巴扬"号是俄国部署在远东的唯一一艘现代化装甲巡洋舰，安装有 200 毫米厚的水线装甲板，最高能以 22 节

■ 1902年"列特维赞"号完成前入坞进行最后的调试

的速度航行。然而，排水量限制了它的尺寸和火力，仅安装2门8英寸主炮。相对而言，日本舰队的6艘装甲巡洋舰艏艉均配备双联装8英寸主炮。这使"巴扬"号哪怕在一对一状态下，也无法对抗任何1艘日本装甲巡洋舰。驻海参崴的3艘装甲巡洋舰，状况也好不到哪里去。1889年服役的"留里克"号式样老旧，甚至保留着帆索，主机也时常发生故障。"俄罗斯"号、"风暴使者"号虽然在航速和吨位上不亚于日本的同类舰只，但火炮仍采用已遭淘汰的炮廓式船旁炮列布局，4门8英寸主炮被"平均"地安装在艏艉两舷。

俄国舰队的优势在于拥有式样更新、战斗力更强的防护巡洋舰，但这却难以挽回主力舰在质量上的劣势。至于其他的轻型船只，例如驱逐舰和鱼雷艇。前者虽然在数量上可以匹敌日本舰队，但由于长期饱受器材短缺的困扰，导致设备妥善率低，驻旅顺的俄国驱逐舰一般能开动的只有半数。反观日本方面，不但能够确保驱逐舰出勤率，还拥有数量庞大的鱼雷艇部队。

当然，俄国舰队的劣势不仅显露在船只数量和质量上，更是体现在了海军技术指标与水兵作战技能上。

日本海军自甲午战争后，已全面采用苦味酸炸药装填炸弹。虽然其危险性人所共知，仅稍微比硝化甘油安全一点儿。但总体来说，它的爆炸威力和毁伤效果使日方难以舍弃。俄国海军则习惯采用硝化纤维作为炮弹的填充炸药，硝化纤维在安全性上远胜于苦味酸，然而其过于迟钝的特点也势必导致臭弹率增高。此外，俄国海军信奉高速轻弹，同口径炮弹质量比日本海军低1/5。这种较轻的弹丸在发射时可以具备更高的初速，在近距离上穿透能力比日方的炮弹更

■ "列特维赞"号试航时的照片

强。却也由于重量较轻，中远距离上其动能将会快速衰减，导致破坏力弱于日本人的重弹。

大陆上的战争计划

俄国在远东地区的作战计划经过了多次修订。当然，这些计划都只限于陆地之上。在俄罗斯帝国的高层以及整个远东总督府，从来没有人考虑过拟定一个海陆联合的作战方略。毫无疑问，这种自缚一臂的打法肯定会令其对手日本人无比欣喜。

第一份系统的俄军远东作战计划拟定于 1895 年。

受制于当时的态势，该计划主要内容可以归纳为"固守待援"四个字，而且是极为消极的待援。俄方甚至考虑过日本军队从满洲进攻南乌苏里边区[①]时该采取的应对措施。

在 1898 年，针对中东铁路与中长铁路的建设，俄军在远东的机动能力有所提高，各单位依托铁路系统的连接也有所增强。故俄阿穆尔军区司令部修订了 1895 年的方案。

在修订方案中，俄国远东军的主要任务仍是以防御为主。旅顺将作为孤立的坚固堡垒吸引部分日军部队，而在南满地区，远东俄军主力会步步为营地阻击日军的推进。与此同时，俄国将利用远东部队争取的时间，在松花江上游集结力量，并视情况选择驰援旅顺或者开进朝鲜。

"庚子之变"后，俄国一度占领了满洲全境。在这一时期，相关计划又进行过修改。其立足于日军将在朝鲜登陆，而主要作战地域为南满地区的构想之上。届时，俄国舰队将无法阻止日军越过海峡在朝鲜登陆。而俄方需要花费 6 个月的时间才能把 2 个军和 4 个师的预备队，从中亚与乌拉尔山以西调到东亚，从而对日军形成优势并最终赢得战争。

1903 年 9 月，远东的气氛已非常紧张。在协调并统一了阿穆尔军区和关东州部队司令部的管辖问题后，最新同时也是最终版的对日作战计划出台。这份

---

① 即海参崴所在的（被俄国占据的）远东边疆地区。

计划将俄军主力的集结点选定在了辽阳、海城一线。准备在该区域实施防御作战，竭力阻击从朝鲜方向杀来的日军主力，为从西方赶来的援军争取足够的时间。最后，俄军将集中优势兵力，将日军赶出满洲和朝鲜，进而登陆日本列岛。

上述代表三个阶段俄国陆上战略的方案，都在开始时把自身状况考虑得相对较差，均未超脱"集结足够的增援，一战而胜"的思维。明面上重视日军，实际上却极端轻视，将其看作仅有数量优势的乌合之众，甚至未预料到日军能够在鸭绿江和辽东半岛这两个方向上同时发起进攻。

1903年11月23日，远东地区俄军最高指挥官叶夫根尼·伊万诺维奇·阿列克塞耶夫海军上将把9月开始拟定的最终方案移送陆军部，交由陆军大臣阿列克谢·尼古拉耶维奇·库罗帕特金步兵上将审阅。相对而言，这位后来在日俄战争时期俄国远东陆军的总指挥，因为接连失败而在俄国军事史上留下恶名的库罗帕特金，却对后来战争中的俄军状况做出了相对准确的预计，并给出了一个更为"消极"的举措。在提交给皇帝尼古拉二世的上疏中，库罗帕特金这样写道："……任何地区，任何一个位置都不值得死守。现在仍和两年前一样，应当采取纯粹防御的态势。虽然战争之初我们可以将军队部署于奉天、辽阳、海城一线，但是，如果日军全线进犯南满，我们想在战争初期守住（南满）是不可能的。故应该对旅顺在相当长的时间内遭到围困有所认识，并尽早做准备。另外，为了不让我军遭到局部失利，（在战况转劣时）应当主动向哈尔滨方向撤退，直到增援部队从后方赶到，使我们强大到能够转入反攻，击溃日本人。"

结合后来的史实，毫无疑问库罗帕特金是正确的，然而他的方略又是最不可能实现的。因为以远东总督阿列克谢耶夫与其他一些以皇帝近臣为首的俄国激进派，已经在远东地区谋取了太多的利益。其中包括土地、港埠、林业权，以及在达里尼、辽阳、奉天、哈尔滨等地的物产投资等等。一旦俄军在南满地区采取大踏步地撤退，也就意味着很可能要使其私人利益打水漂。而俄国之所以在远东采取如此激进的策略，不断冒险发起扩张行动，归根结底正是这群人不断活动的结果。综上所述，尽管库罗帕特金的策略最接近现实，却是所有人都不能接受的！那么，既然个人及集团利益已凌驾于国家利益、战时战略之上，那么俄国未来可能遭受到的下场，也就不那么难以预料了……

战争前夜的海军

在整个远东布局中，俄国海军一直是主要的一个环节——一个主要遭到忽略的环节。

究其原因，除了自始至终海军都未获取一个足够可靠和安全的立足点之外，也与俄国一直以来对海军建设的策略息息相关。马汉曾将俄国的海上策略定义为"要塞舰队"，这种说法虽然会令任何一个俄国，甚至后来苏联的海军将领感到不快，但却基本描述了事实。真实情况就是，迄今为止除了极少时间内的红海军以外，俄国乃至之后苏联的海军战略均是围绕着陆地来展开的。

帝俄时期，所谓的舰队就是当俄国陆上征服了一系列土地并夺取了一个关键港口后，配属于此用来巩固该地区的辅助力量。这种态度固然令海军倍感耻辱，然而，却是俄国地理环境制约下的无奈之举。因为俄国的四条主要海岸线均被地理环境所分割，处于完全不同的水域之中，部署于各海岸线的舰队难以在短期内互相驰援。故俄国海军逐渐陷入了一种归属其部署地的状态，以确保相关地点与海岸的安全为使命，也就可以理解了。

这种态度也体现在其对舰队的行为上。尽管自19世纪80年代以来，俄国一直在努力扩充舰队规模，但却不太关心加强舰队的战备状况和提升海军人员的素质。原因是庞大的西伯利亚铁路工程和近年来大规模增加的海军军费，很可能使俄国财政倍感压力。当然，在西伯利亚铁路完成以前一次性于远东屯驻如此大规模的舰队，也势必会严重考验俄国的后勤保障能力。

根据俄方文献记载，当时远东舰队的战舰由于燃煤供应的限制，一年中往往只有4个月会执行出海训练任务，其余时间均泊在码头上。即便是出海状态，船长为了节约宝贵的燃煤，也会设法增加在各地的停泊时间。此外，配给用来训练的弹药也颇不充分，这又进一步削弱了舰队炮手的实战技能。与之相比，日本海军能够投入到舰队训练上的资源要充分的多。尽管在之后战争的前半段，联合舰队也未表现出太过出色的战斗素养。

总体而言，俄国舰队的优势体现在其战略配置上。

旅顺舰队作为俄国太平洋舰队的主力，虽较在质量和数量上逊于日本联合舰队，但总体差距并不大。日方若试图进兵满洲，则需要将作战部队投送过朝鲜海峡，或是就近在仁川、元山等地登陆。这需要日本舰队对旅顺港采取近程封锁的态势，确保俄舰不会进入黄海和日本海威胁日军运兵船。想要封锁旅顺，必须投入日本海军全部的力量，这无疑给驻海参崴的俄舰大肆活动的机会。反之，如果日本方面试图分兵封锁两处，其舰队规模势必无法对任何一处形成优势，这就给了居于劣势的俄国舰队一个能够与之一战的机会。

毫无疑问，自诩为师从英国的日本海军，必然会效仿不列颠近程封锁的手段，以求第一时间将俄国远东的海上力量阻隔于海洋之外。而远东的地理环境将是未来战争中，自始至终困扰日本联合舰队的最大难题。

相较于曾拟定详细作战计划的陆军而言，俄国海军从未就具体的作战任务进行过系统的计划。1903 年年末，俄罗斯太平洋舰队曾拟定过战时计划，其中包括对总体形势的评估、舰队任务的定位、战时舰队的组织规划、动员方案和布雷计划。然而其名曰"作战计划"，却对作战内容只字未提。唯一算得上具有建设性的内容，是规定了驱逐舰队的任务是从旅顺出发，撕破日本舰队可能设置的封锁线，并打算将其投入到侦查任务之中。

不过，俄罗斯太平洋舰队的最终命运，其实早在它们的作战计划结尾时就有所昭示：尽可能保存海军实力，无论如何都不要采取冒险行动，哪怕是社会舆论，甚至部分官兵可能会期望舰队采取勇敢行动，这些都不行。

无论俄国人怎么看待这场可能发生的战争与这群被辱为"黄猴子"的东洋对手，随着 1904 年 1 月 13 日，日本政府在俄日最后交涉中，向俄国发出带有最后通牒性质的"第三次修正提案"，一切已经无可挽回。

1904 年 2 月 6 日的佐世保港，由东乡平八郎指挥的日本联合舰队准备起航。不久之后，这支舰队将浩浩荡荡驶过黄海，向傲慢的俄国人证明自己的力量。

⇥ 航向未知的俄国主力舰 ⇤

自从彼得一世要当"两只手"的皇帝后，俄国就已经对海洋流露出了足够的渴望。但作为传统陆上强国，俄国的海洋"霸权"长期只局限于波罗的海和黑海一隅。纵观整个近代海军发展史，俄国留给世人的印象，也无非是克里木战争中黑海舰队的悲剧性自沉，以及黑海上的那对外形古怪的圆盘炮舰。

不过，在 19 世纪的最后十年里，随着俄国内部和外部局势的变化，这种状况将会发生改变。

俾斯麦曾长期致力于俄德友好。他通过释放足够的善意并努力调和俄奥关系，为德意志第二帝国创造了一个友善的东面邻居。在长达十余年的岁月里，这项政策使俄德两国受益无穷。前者可以在没有外部压力的情况下，安心地应对亚历山大二世改革以后纷乱的国内政治环境。而对于德国来说，则能够有效地免去被迫卷入俄奥冲突的风险。

然而，和平的局面在 1888 年出现了波澜。这一年，弗里德里希·威廉·维克托·艾伯特·冯·霍亨索伦继位成为德意志帝国的新皇帝，史称威廉二世。随着新皇帝的继位，德国国内的政治环境正在发生改变，较为激进的扩张派逐渐占据了政治力量的核心，与年轻气盛的威廉二世迅速达成了政治同盟。两年以后，曾经叱咤风云的"铁血宰相"被威廉二世解职。曾被誉为"俾斯麦欧洲"的旧秩序，也随着创建者的离任而迅速瓦解。

威廉二世与其所代表的政治集团在情感上倾向于普鲁士的传统盟友奥匈帝国。早在继承帝位的次年，小皇帝就曾对奥匈帝国皇帝弗兰茨·约瑟夫表示：不管奥国以何种理由出兵（进攻俄国），德军都会全力支持。所以当 1890 年俄德《再保险条约》到期以后，以德皇为首的德国政治集团并未积极与俄国洽谈如何延续该条约。既然西面的那个德国不再表达善意，那么波罗的海上的安全也就成了俄国需要面对的问题。

随着俾斯麦的离职，德意志帝国的舰队扩张计划启动了。

1892 年 10 月 1 日，装甲巡洋舰"凯瑟琳·奥古斯塔"号建成。过了一年又三十天，新锐战舰"魏森堡"号加入了德国海军。"魏森堡"号属于勃兰登堡级，同型舰共有 4 艘，排水量均在 1 万吨左右，最大航速可达 17 节。德国战列舰的定位和英国所倡导的全球海军有很大的不同，所以这些安装着 280 毫米口径主炮的军舰在设计时便没有考虑过远洋作战的需要，德国设计师也就不必见缝插针地安排煤仓，还能够往船舯再塞一个主炮塔[①]。1893 年至 1894 年，随着这些

[①] 这个炮塔内安装 35 倍径的 280 毫米炮，而非舰艏那样的 40 倍径的型号。

新式战舰的完成，德国的海军实力迅速增长。

粮食一直是俄国最大宗的出口产品。北方波罗的海与南方的黑海是俄国对外输出粮食，同时也是其从欧洲获得各种工业制品与生活必需品的主要通道。一直以来，俄国都试图将这两条通道牢牢掌握在自己的手中。彼得一世夺取波罗的海出海口的北方战争如是，叶卡捷琳娜二世占据黑海北岸的战争亦然。而导致克里木战争的俄皇尼古拉一世对博斯普鲁斯海峡的野心，与其说是对于东正教世界唯一领袖的狂热和为俄国打开进入地中海通道的野心作祟，不如视之为对自身安全缺乏信心的偏执表现。

随着德国对俄态度的日渐冷却，俄国沟通西欧波罗的海的航运线已经不再那么安全。

"前无畏舰"时代

早在 1881 年，俄国海军司令阿列克谢·亚历山德罗维奇大公就曾拟定了一份雄心勃勃的舰队扩建计划。试图在十年之内为波罗的海舰队配备 16 艘远洋战列舰和 13 艘巡洋舰。1885 年，这项计划在俄罗斯海洋技术委员会顾问的反复劝说下，最后被务实地缩减成了 9 艘战列舰。直到 1891 年，这项在执行中饱受官僚主义、资金短缺等问题困扰着的工程，从纸面上落实下来的只有 3 艘舰艇——铁甲舰"亚历山大二世"号（9392 吨）、"尼古拉一世"号（9748 吨），以及装甲海防舰"甘古特"号（7142 吨）。这看起来是一个政府缺乏执行能力的经典案例，但是结合当时的状况，也可以说它的确为俄国省下了大笔冤枉钱……

俄国是传统陆权国家。在德国位于波罗的海出口这一前提下，御前会议对建设大舰队这种宏图大业也缺乏足够的热情。提供给海军用来建造第四艘和第五艘战舰的拨款非常微薄，所以俄国海军部一度要求将新舰的排水量限定在 6500 吨以下。

然而，随着德国皇帝威廉二世的继位，以及德国对待俄国态度的转变，俄国再也不能对波罗的海的舰队采取漫不经心的态度。这个地区的战略环境，更是因为横贯日德兰半岛，从易北河口沟通基尔湾的威廉皇帝运河二程而彻底颠覆。

俄罗斯海洋技术委员会

俄罗斯帝国海洋技术委员会（Морской технический комитет）成立于 1867 年，并一直存留至罗曼诺夫王朝的终结。

该委员会是俄罗斯海军部最重要的专业技术部门，可以广泛的就海军需要配属的舰艇类型和规格、新船只的设计与制造，以及相关管理工作，向海军部乃至最高当局提交专业性意见。同时，委员会也肩负着对海军正在制造的各类船舶、机械装置、武器系统、弹药和建筑进行督察的职责。其成员由相关行业的专业人士构成，委员会通过投票表决的形式，从俄罗斯本国甚至外国选定名誉会员和研究员的权限。委员会的直辖机构还包括俄国海事博物馆、海军火炮试验场、海军科技实验室和生产委员会。

在本文涉及的年代内，俄国海洋技术委员会历任主席分别为：

1882—1888 年

伊万·阿列克谢耶维奇·舍斯塔科夫海军中将

1888—1896 年

康斯坦丁·洛维奇·皮尔金海军中将

1896 年

帕维尔·彼得罗维奇·特尔托夫海军中将

1897—1901 年

伊万·哈伊洛维奇·季科夫海军少将

1901—1905 年

费多尔·瓦西里耶维奇·度巴索夫海军中将

■ 1901—1905年，担任俄罗斯海洋技术委员会主席的费多尔·瓦西里耶维奇·度巴索夫海军中将

在此之前，德国海军常年将舰队的主力，部署在直面赫尔戈兰湾的威廉港，面朝着北海方向，在基尔港仅部署少量船只。因为有日德兰半岛的存在，位于威廉港内的舰队很难在战时分身兼顾波罗的海。而当运河投入使用以后，舰队从威廉港驶入基尔湾就只需要几天时间，且不必进入危险的北海水域。对于德国而言，其近海的战略安全有了很大的改善。而对俄国来说，这等于是德国的舰队规模被扩大了一倍。

《再保险条约》失效以后，俄国海军立刻得到了御前会议的追加拨款。这使计划中的第四号和第五号战舰不再因为资金问题而遭局限。

■ 通过威廉皇帝运河的德国战列舰

　　经过对当时欧洲各国海军主力舰的系统考察，俄国海军部决定仿效英国最新的"特拉法尔加"号战列舰建造第四号战舰——也就是后来的"纳瓦里诺"号。次年，俄国海洋技术委员会（MTK）又在前者的基础上设计了放大版本，专门用于黑海舰队的"三圣"号。

　　计划配属在波罗的海的"纳瓦里诺"号的船体设计脱胎于"特拉法尔加"号，通过从法国海军部引入的技术，海洋技术委员会给这艘船设计了在当时尚属先进技术的主炮塔系统。不过这样一来，"纳瓦里诺"号的干舷又被进一步压低，使其作战定位更接近于当时美国海军的那些岸防战列舰，而不适合在远洋活动。

　　与"纳瓦里诺"号相比，"三圣"号要更先进一些。其率先采用了在当时较为先进的镍合金钢装甲板，而非此前被沿用了15年之久的钢–熟铁焊合装甲[①]。新式装甲板使"三圣"号在确保防御能力不变的前提下，可以将侧装甲

---

① 又称"钢面铁甲"，在两层钢制装甲板之间浇筑熟铁，改善早期钢制装甲板过脆的缺点。

带厚度从 18 英寸削减到 16 英寸。富余的重量被用于扩大船体的装甲分布面积，这使"三圣"号相比"纳瓦里诺"号有更加完善的装甲保护。不过，建造于尼古拉耶夫造船厂的"三圣"号自设计伊始就被定位在黑海，所以并不能对改善波罗的海上的安全形势起到帮助。

对于德国造成的现实威胁，俄国海军部除说服御前会对 3 艘海军上将级装甲海防舰拨款，以应一时之急外，也为下一代战列舰设计方案进行着紧锣密鼓的研究与规划。但资金一直是困扰俄国海军的最大难题。与德国一样，俄国是一个传统陆军国家。由于奥匈帝国、奥斯曼帝国等传统陆上敌人的存在，俄国必须要维持一支规模超过百万的常备陆军①，并且仍是以一个对外出口小麦和玉米为主的农业国家。

关于新战舰，俄国海洋技术委员会曾在 1890 年 9 月向海军部建议，在"甘古特"号的基础上，设计一种具备 3 个单装 12 英寸炮塔、总吨位 8600 吨左右、不足 105 米长的小型战列舰。其规划如下：

总吨位 8500 吨，两柱间长 101.04 米，船体全长 104.73 米，最大舰宽 20.42 米，最大吃水 6.4 米；

动力系统为两台直立式三胀往复式蒸汽机，最大输出 7320 马力，最大航速 16 节，以 10 节速度航行时续航力可以达到 3000 海里；

武器系统为 3 门独立的 305 毫米主炮，以三角形布局分别安装在船艏和两舷舯部。副炮为 4 门 152 毫米炮与 4 门 120 毫米炮，全部安装在炮列甲板两侧的炮廓内。在上层建筑上安装 6 门 47 毫米炮和 4 门 37 毫米炮。

对于安装两种口径的副炮，委员会的解释是考虑到当时速射炮口径过小威力不足的问题，所以混装 152 毫米的 1877 型舰炮以及从英国阿姆斯特朗公司进口的 120 毫米速射炮，以平衡火力密度和威力的矛盾。委员会认为，基于上述原则建造的新战舰，可以最大限度地平衡海军对战舰性能的苛求与预算紧迫之间的现实矛盾。

---

① 虽然德国面对的困境与俄国的相似，但普法战争以后，德国就完成了工业化，从一个以出口土豆为主的传统农业国变成了一个工业种类完备、以出口钢铁和各类工业制品为主的工业国。德国拥有强化海军舰队的经济基础，而工业国对外贸的严重依赖，也让德国不得不打造一支可以保障本国海上通道的舰队。

不过，俄国海军部的高官们似乎没有人喜欢这种设计。海军武器专家马卡洛夫就坚决反对在新战舰上混装两种口径的副炮，他认为这势必会造成火力控制方面的灾难。同时他也指出，在已经有了新标准的前提下，制造这种火力布局的战列舰是不合时宜的。此时，由于具有里程碑意义的"皇家主权"号已经为世人所熟知，所以俄国海军最终一致决定将这种过时了的战列舰方案放弃掉。

1891 年 3 月，海洋技术委员会综合了各方的反馈意见后，对设计进行了修改。战舰的火炮仍维持自"纳瓦里诺"号以来的艏艉中轴线布局，4 门 305

前无畏舰

自 1888 年英国海军部决定不再把鱼雷和撞角作为主力舰的标准武器后，海军主力舰的战术定位开始发生转变。1892 年，当威廉·怀特爵士主持设计的"皇家主权"号战列舰加入到英国海军的作战序列时，曾经主导海战标准近 200 年的"战列线"战术回归了。

在铁甲舰时代，曾被沿用数百年的战列线战术遭到摒弃。自利萨海战之后，各国的海上战术普遍倾向于横队作战，将主力舰一字排开以舰艏冲角对敌，待杀入敌阵后各舰便以配置于两舷的火炮和鱼雷展开混战。这种战术定位造就了铁甲舰时代主力舰的两种主要形式：类似维多利亚级战列舰那样船艏配置威力惊人的超重型火炮，追求能够在接敌阶段给予对方致命一击。或者是类似巨像级那样，在船艏对角线配置主炮，以便混战时左冲右突。

"皇家主权"号的诞生，意味着主炮将成为未来海战中的主角。海上战术将回归到 1652 年海军上将罗伯特·布莱克在《航海指引》中定义的战列线那样：各舰艏艉相列排成纵队，以侧舷对敌。在这种战术下，船艏对角线主炮布局和船艏的超重型主炮布局已不合时宜。前者势必只能对敌发挥一半的火力，而后者将使船艉方向出现火力盲区。在设计上，"皇家主权"号汲取了尼罗级和海军上将级的优点，在艏艉的中轴线上配备双联装 13.5 英寸主炮，使其在侧对敌状态下能够实现火力最大化。在防御设计上，"皇家主权"号的侧装甲带覆盖艏艉主炮之间的区域，能够保护船上的全部致命部位。①

---

① 尼罗级和海军上将级虽然也是艏艉主炮中轴线布局，但在设计上带有试验成分，仍然设有结构性的撞角，侧舷主装甲带也未能覆盖艏艉主炮，且干舷颇低。

"皇家主权"号和其同型舰共建造了 8 艘。自英国海军对外公布其设计以后，"皇家主权"号立即成了世界海军主力舰的设计标准。不过"皇家主权"号并算不上尽善尽美。为了减轻重量、提高干舷、增强适航性，"皇家主权"号没有安装当时已逐渐成为主流的主炮。它的 13.5 英寸 30 倍径双联装主炮，被裸露地安装在艏艉轴线的旋转炮座上。对于战舰的火力生存性而言，这是一个很大的缺陷。

海军主力舰的新规则随着"皇家主权"号的问世而被改写。

毫米主炮被安装在两个贝壳形状具有 2.5 英寸装甲保护的炮塔内，副炮则改用 6 门从法国进口的 152 毫米施耐德式 45 倍径速射炮。经过上述的修改后，新战舰的排水量预计将达到 9020 吨。为了确保航速仍然能达到 16 节，主机被增强到 8500 马力。这份设计方案最后得到了御前会议的批准，争取到了建造预算。

新战舰的建造筹备工作于 1891 年 8 月 7 日开始。这艘新战舰的许多设计超过了当时俄国的造船技术，加上俄罗斯帝国官僚系统一贯的拖延问题，海军和造船厂的订货合同直到 1892 年 5 月才正式签署。而在此之前的 1892 年 1 月 3 日，这艘船已经获得了它的名字——"伟大的西索亚"。

在摸索中进步

就在海军部和施工方磨磨蹭蹭的时候，海洋技术委员会却没有闲着。

1893 年年初，还在船台上的"伟大的西索亚"号又按照该委员会的意见进行了一次重大设计调整。船体的上层建筑物与炮塔系统被整个推倒重来，主炮塔换成了刚从法国引进的圆筒式大型炮塔。

这次改动使战舰的排水量增加到了 10400 吨，船体也被延长至 107.23 米，舷宽扩展到 20.73 米。船厂不得不拆毁部分已经完成的结构，按照新的图纸进行改建，这使下水时间推迟到了 1894 年年中。不过，经过上述的修改后，"伟大的西索亚"号几乎脱胎换骨，成为俄国海军第一艘完全具备"前无畏舰"特征的新式战列舰，其战斗力与德国海军最新式的勃兰登堡级相比，有过之而无不及。上述设计，也为此后相当一段时间内的俄国主力舰基本布局，打下了基础。

就在海军部对"伟大的西索亚"号的修改问题争吵不休时，海洋技术委员会的另一个工作组正在为另一种战列舰的设计而忙碌。

这种战舰的基本构造源自俄国海军在 1886 年开工的"尼古拉一世"号战列舰，但为了适应新的主力舰技术标准，海洋技术委员会的设计师延长了原始设计的船艉，并添加了一个双联装 305 毫米主炮炮塔。同时，鉴于已有的主力舰使用经验和美国海军"印第安纳"号战列舰的设计，新战舰方案将部分 152 毫米副炮安装在了甲板上的独立炮塔内，以便能够在高海况下继续使用。

委员会评估后认为这种战舰的尺寸会达到 114.6 米长、至少 21 米宽、吃水 8.6 米，预计重量将达 11140 吨。不过与"伟大的西索亚"号那再三返工的设计方案不同，这种带有副炮的战舰设计很快就得到了海军部内所有高官的认可，并将之视为海军这一阶段的主力舰核心，试图为其争取到建造 3 艘的预算。以便这种新战舰在未来能够和当时还在"继续改进"的"伟大的西索亚"号一起，构成一支由 4 艘战列舰组成的战列舰中队。1891 年 1 月，御前会议批准了 3 艘舰的预算，甚至比"伟大的西索亚"号领到"准生证"还要早 2 个月。

海军部对这型战舰抱有特别大的希望，故以三场俄国人引以为傲的战役来为之命名——彼得巴甫洛夫斯克保卫战[1]、波尔塔瓦之战[2]，以及塞瓦斯托波尔保卫战[3]。为了适应舰队作战的需要，"彼得巴甫洛夫斯克"号甚至还留出了专门的空间，用来容纳舰队司令部。在设计之初，它就被赋予了舰队旗舰的定位。

1892 年 5 月 19 日，3 艘彼得巴甫洛夫斯克级战列舰在圣彼得堡两个造船厂的三个船台上同时开工建造。如不出意外，俄国海军将在 5 年内获得一支可以拿得出手的战列舰中队。

---

[1] 克里木战争期间，英法联军以近 3000 人、6 艘战舰包围俄国位于堪察加半岛上的彼得巴甫洛夫斯克要塞。当地守军不足 1000 人，仅有 1 艘 44 门火炮巡防舰和 1 艘 12 门炮快速帆船。双方激战 10 昼夜，战事以俄军损失 100 人、联军折损近 500 人的结果收场。

[2] 北方战争中，俄、瑞两国军队于 1709 年在乌克兰波尔塔瓦地区进行了决定性会战。此战瑞典军队伤亡近万人，被俘数千。而俄军死亡 1300 余人，伤 3300 人。瑞典残军约 1.6 万于几天后向俄军投降，瑞典与俄国争夺波罗的海沿岸霸权的北方战争以俄国的完胜而告终。

[3] 克里木战争中俄军困守塞瓦斯托波尔要塞的著名战役。最终，要塞在俄军坚守 11 个月后陷落。

快速战列舰计划

1894 年年初，西起易北河口的布伦斯比特尔科克港，东至基尔湾霍尔特瑙港的威廉皇帝运河①贯通。虽然船闸、岸堤等配套工程尚未完成，但那最迟也不过是 1895 年年中的事情。5 月和 10 月，勃兰登堡级战列舰的三号与四号舰，"库菲尔斯特·弗里德里希·威廉"号和"白堡"号完成，德国海军拥有了一支由 4 艘战列舰构成的新式战列舰中队。同年 11 月，德国第二代前无畏舰"弗里德里希三世"号开始铺设龙骨，同型舰共有 4 艘，将构成德国海军第二个现代化的战列舰中队。

此时，俄国海军部已经将第二个批量建造的战舰计划摆上了台面，这就是后来的佩列斯维特级战列舰。

1894 年年初，时任俄皇亚历山大三世副官的尼古拉·马塔维耶维奇·契哈乔夫少将向海军部建议，设计一种具备巡洋舰特性的现代化战列舰。这种战列舰应当具有极好的适航能力，以及非常强大的续航力。俄国此前并没有建造和使用类似战舰的经验，所以就依照惯例从英国海军的舰队内寻找符合此定位的舰艇。最后，俄国海洋技术委员会相中了百夫长级战列舰。

百夫长级被英国海军归类为二等战列舰，排水量 10500 吨。其作战定位基于远东地区广大海域内巡航与显示军事力量存在的需要，英国海军要求其具备强大的续航力和较快的速度，以便能够迅速投入热点地区执行任务。综合上述原则，百夫长级对装甲系统和火炮的要求相对较低，对航速与续航力却有较高的要求。因此，船体修长的百夫长级只配备了轻量化的 10 英寸主炮和 8 门 4.7 英寸副炮。但船体内有充足的储煤空间，使这种战舰能够安装两套单台功率 6500 马力，并配备强通风装置的蒸汽机组，最大航速可以达到 19 节。在 10 节速率下，续航里程可以达到 6000 海里。这在蒸汽机时代对于 1 艘万吨巨舰而言，是非常惊人的。

通过上述参考对象，海洋技术委员会将这种新战舰定位成了战列舰和巡洋舰的混合体。最终仿效百夫长级，设计一种排水量为 10500 吨，也同样配

---

① 即现在的基尔运河。

备 254 毫米主炮的快速战列舰。

海军部希望新战舰的航速可以达到 17 节以上——即达到和当时俄国海军最新的"亚速纪念"号装甲巡洋舰①一样的速度。要知道"亚速纪念"号船体狭长且仅重 6673 吨。在这个前提下,它凭借两台主机输出的 8500 马力,也不过是达到 17 节而已。以当时俄国的技术条件还不足以生产单台超过 5000 马力的大功率蒸汽机,无法支持 1 艘万吨战舰达到这么快速度。而且以目前的状况,从英国或者德国进口功率更大的蒸汽机似乎也是不现实的。

在反复权衡后,一向客观的海洋技术委员会最终决定"水多加面"——干脆安装第三台主机了事。虽然这种直线式的态度可以解决问题,但缺点也是非常明显。根据委员会的推算,第三台主机加上全套轴承、变速系统,将使船体重量超过百夫长级的规模,达到 11500 吨。为了减重,委员会不得不对船体设计进行修改,由原本类似百夫长级的平甲板型修改成了长艏楼造型。以期望能够凭借船艉削去的一层甲板,将船体重量控制在 11000 吨左右。

不过,波折并未就此结束。

在火炮的选择上,委员会和海军部又产生了分歧。海军部对 120 毫米(4.7 英寸)速射炮的威力很不满意,虽然这种战舰在设计上很大程度参考了百夫长级的定位和性能,但俄国海军并不打算按照百夫长级的方式来运用它。毕竟俄国没有那么多的主力舰可以像英国海军那样玩什么"存在宣誓",每 1 艘船都是需要拉来当主力的。所以最后将军们还是决定再从法国进口一批施耐德 152 毫米速射炮了事。

敲定了炮的问题,装甲系统的问题又成了下一个争论的焦点。经过旷日持久的争议,委员会最终在 1895 年年中,对原有的防御标准进行了一定的升级。此时,这种新战舰的质量已经达到了 12577 吨,比当时法国最新式的"查理曼大帝"号战列舰还要多 1500 吨。而且,能够以 18 节速度航行的"查理曼大帝"号安装的还是 12 英寸主炮。

1895 年 11 月 21 日,2 艘快速战列舰中的——"佩列斯维特"号和"奥斯

----

① 俄国皇太子尼古拉曾搭乘该舰远航海参崴,去主持西伯利亚大铁路东段的开工仪式。在舰队停靠日本期间,发生了著名的"大津事件"。

丽娅比亚"分别在圣彼得堡的海军造船厂和波罗的海船厂动工。尽管御前会议批准了全部 3 艘舰艇的建造预算，但俄国位于波罗的海沿岸可建造 1 万吨以上船只的大型船台只有 5 个。3 艘彼得巴甫洛夫斯克级战列舰此时还在船台上进行船体施工，空闲的船台只剩下了 2 个。

一些不怎么和谐的因素也同样笼罩着这种新战舰的建造工程。

就在一个月以前，日本从英国订购新式战列舰的消息传到了圣彼得堡。情报显示，日本人订购的战列舰重达 12000 吨，能够以 18 节速度航行，配备 12 英寸主炮，其缺点是装甲板材质较差。尽管"佩列斯维特"号、"奥斯丽娅比亚"号通过采用新的哈维钢与克虏伯钢在防御性能上有所加分，但是 10 英寸口径的主炮注定使这刚刚开工的新式战列舰在同时代所有的战舰中显得羸弱。

新情况与新需求

1896 年 8 月，"伟大的西索亚"号接近竣工。帝国政府与海军都对这舰队作战序列内的第一艘现代化主力舰寄予了厚望。然而当海军部的接收团队在竣工仪式前登舰进行验收时，却对其状况大失所望。他们发现这艘船的舵、通风系统、水泵和炮塔均存在各种问题和缺陷。在经过许多修修补补后，这艘船终于在当年的 10 月 6 日交付进行海试。

1895 年 10 月 1 日，大约 2000 名信奉东正教的亚美尼亚人在伊斯坦布尔集会请愿，要求奥斯曼苏丹进行改革，给予他们平等的公民权利。请愿者随后遭警察武力驱散。同时，城内也接连发生针对亚美尼亚人的袭击和伤害行为，许多人惨遭杀害。在这以后，奥斯曼帝国境内对于亚美尼亚人的屠杀事件开始蔓延，并在几个月内席卷比特利斯省、迪亚巴克尔省、锡瓦斯省、特拉布宗省及凡城省等亚美尼亚人的聚居区，受害者不计其数。

自 1453 年拉丁帝国灭亡后，一直以东正教世界领袖自居的俄国自然不能坐视。当屠杀在 1896 年年末愈演愈烈时，俄国除了发动国际力量做出声讨外，还动员黑海舰队和波罗的海舰队侵入奥斯曼帝国临近水域，做出武力干涉的姿态。作为俄国舰队当时最新锐的战列舰"伟大的西索亚"号，也就被当作威慑土耳其人的王牌打了出去。俄国海军计划借着示威航行的机会，顺带连同海试尚未完成的科目与成军训练一并落实。

然而，"伟大的西索亚"号的处女航却是一场不折不扣的灾难。自12月初从喀琅施塔得港起航以后，这艘船上的水兵与军官就一路在和各种各样的故障进行着搏斗。当12月27日该舰驶入阿尔及尔港以后，便再也无法坚持航行。船长决定在港内停留至少20天，对船体与电气系统进行彻底的检修。不过，船员们只太平了5天就收到了从圣彼得堡发来的电报，催促他们继续赶路。于是，船长只能带领这艘问题多如漏勺一样的"新船"，继续凑合着往前开。

1897年2月底，"伟大的西索亚"号在克里特岛的外海进行了建成以来首次武器系统测试，以检验副炮系统的实际效能，事实证明了法制152毫米施耐德速射炮的可靠性。两周以后，信心满满的俄国人又搞了第二次测试，以验证他们自制的305毫米主炮。遗憾的是，这次却捅了大娄子。

在进行主炮射击演练的时候，由于火炮尾栓设计上的缺陷，而发生了炸膛事故。猛烈的爆炸将炮塔的顶盖整个掀飞，顺带将22名官兵送上西天。于是这艘才建成几个月的战舰，只能带伤驶向土伦。

"伟大的西索亚"号在土伦逗留了近9个月。法国船厂的工程师对这艘船进行了多达数百项的改进和调整，终于使其达到了可以投入战斗的状态。在此期间，俄国官兵们只能待在土伦领教那些嘴贱的法国船工们的揶揄。舰长曾写信给海军部抱怨说，一位法国工程师多次在他的面前指着船上主装甲板间那些宽达1.5英寸（38毫米）的巨大缝隙，对俄国的造船水平大加嘲讽。虽然这段不快的经历令俄国人颜面尽失，却也使他们对自身的技术能力有了清醒的认识。

就在"伟大的西索亚"号带着一船俄国佬困在土伦挨训的那段时期，世界形势正在发生着急剧的变化。1897年11月14日，德国舰队抢占了俄国觊觎已久的胶州湾地区，并强迫清政府将其租借给德国。1897年12月15日上午，不甘于人后的俄罗斯舰队闯入了位于辽东半岛的旅顺港，同时强占了北面的大连湾。过了四个半月，在俄方的威逼利诱之下，清帝国被迫答应将旅顺乃至整个北面的大连湾租借给俄国。俄罗斯帝国那个"位于开放水域内的温水不冻港"之梦，忽然就这么实现了……

俄国在东方迅速扩张的同时，俄德关系也逐渐解冻。德皇威廉二世似乎开始后悔即位之初对俄国的冷淡和敌意，多次在公开和私下场合对俄国表现出了极大的善意。这在一定程度上缓和了当时波罗的海地区的紧张氛围，也使俄国有更多余力将有限的海军力量投入到东面的太平洋沿岸，以推行其东方战略。而派兵强占旅大地区的军事冒险行动，便是这一系列事件共同作用的结果。

然而在东方，俄国却有一个需要立即要面对的敌人——日本。

在"三国干涉还辽"事件以后，日本对俄国的敌意与日俱增，两国在朝鲜半岛的矛盾几乎无法调和。而凭借甲午战争的胜利，日本将从清帝国掳获的巨额赔款大部分投注到军力的扩充方面。在短短几年内，日本海军的实力发生了指数级的飞跃。其"六·六舰队计划"的建设目标，足以使日本在 1903 年以前，拥有一支在数量和质量上都足以称雄亚洲的强大舰队。

而反观俄国，强占旅大地区虽然使俄国一步迈入东方战略的终点，却也将俄国官方此前耗费数年时间定下的全盘计划统统打乱。在 1897 年出台的《海军七年发展计划》中，俄国海军原本计划于 1903 年以后向太平洋沿岸部署 5 艘最新式的战列舰，并配属相当数量的巡洋舰与驱逐舰，以构成一支足够强大的舰队，以加强对远东地区的控制与辐射。

随着俄国远东势力范围大跃进式的发展，新占据的旅顺港是需要立即部署舰队加以启用的。然而此时，俄国计划部署到东方的舰队还未开工，它们最快也要等到 1899 年才开始铺设龙骨。那么，面对突如其来的新情况，俄国海军就只能拆东墙补西墙了。

"伟大的西索亚"号完成维修工作（其实是彻底的修改）后，于 1898 年夏季抵达远东。此后的 3 年多时间里，这艘船一直以海参崴港为基地在远东地区活动。在 1900 年爆发的"庚子之变"中，该舰也参加了对清帝国的武装干涉行动。"伟大的西索亚"号在东亚数年的航行中，由于无法获得良好的保养与定期入坞维护，战斗力日趋下降。直到 1901 年，它才和装甲巡洋舰"纳希莫夫海军上将"号、战列舰"纳瓦里诺"号一起，被俄国海军部遣往美国进行彻底的检修工作。

就在"伟大的西索亚"号于远东地区活动的这段时间里，3 艘彼得巴甫洛夫斯克级战列舰在船台上渐渐成型。这 3 艘舰艇在建造过程中充分汲取了"伟大的西索亚"号的教训，在船台上即对数百项问题进行了修改。与此同时，法国也在相关领域内开始对俄国进行技术输血。这一切使俄国的船舶制造技术在短时间内得到显著提高。

"皇太子"号与"列特维赞"号

早在1897年年初，御前会议就拨出3000万卢布的特别预算，用在海参崴建造一个设施完整并拥有大型船坞的修船厂，以解决俄罗斯太平洋地区战舰缺乏养护设施的困境。不过，在获得旅顺之后，问题的实质就发生了改变。旅顺原本就有完整的码头和较大尺寸的船坞，在其基础上加强和升级，比从头建造一个船厂要节约很多钱。而俄国在太平洋地区的当务之急，则是如何赶在日本之前强化远东舰队的规模与作战能力。

在1901年左右，海军可以陆续获得5艘新式主力舰。其中包括3艘彼得巴甫洛夫斯克级战列舰和2艘佩列斯维特级快速战舰[①]，加上"伟大的西索亚"号和"纳瓦里诺"号，可谓初具实力。不过，海军并不打算把这些船全都部署到远东。这不仅因为"纳瓦里诺"号的战斗力令人怀疑，更是考虑到不能在波罗的海上唱"空城计"。而3艘不足5000吨的海军上将级装甲岸防铁甲舰，显然也不适合派往远东。那么，可供选择的也只有那5艘最新的舰艇了。

不过，俄国海军对只配备10英寸主炮的佩列斯维特级信心全无，因为诸多情报已经准确无误地描述了日本购置的6艘英国战列舰的性能面貌：统一的18节最大速率、12英寸主炮。除了最初的2艘12000吨级战列舰外，后续4舰均为15000吨规模，将会有更好的装甲保护。为了尽快加强舰队实力以备东方之急，俄国海军部的解决方案就是挪动修建船厂的预算，向其盟友和友好国家的船厂订购新式军舰。

对于新战舰的规格，海洋技术委员会已经有了通盘考虑。鉴于当时已经知晓日本第二批订购战舰的排水量将达到15000吨规模，1897年年初，委员会

---

① 因为俄国当时在波罗的海只有5个大型船台，所以佩列斯维特级的第三舰"胜利"号必须等到1899年才能开工。这里没有把配属黑海地区无法调动的"三圣"号与尼古拉耶夫造船厂新建的"波将金"号计算在内。

建议新购战列舰的排水量也应当达到 14000 吨以上。不过这项要求很快在现实面前遭到了否决——旅顺的船坞即使经过第一期扩容，也塞不下超过 13000 吨的船。此外，如果将订购主力舰的吨位增加到 15000 吨的话，其造价势必会大幅度增加。那么，这 3000 万卢布的经费将无法满足海军希望能够同时外购 2 艘战列舰和 2 艘巡洋舰[1]的规划。鉴于佩特列维特级不合时宜的主炮火力，海军技术委员会决定将彼得巴甫洛夫斯克级战列舰的前后双联装 305 毫米主炮作为今后俄国主力舰的标准主炮配置。但相对 11000 吨级的彼得巴甫洛夫斯克，新舰增加的排水量可以用于改善动力系统，以便将航速提高到 18 节。但是，曾在佩列斯维特级上采用过的三轴推进模式将不会沿用。俄国海军要求新式战列舰的动力系统必须是双轴式的，以便节约空间和承载吨位用来添置煤仓，将主力舰的续航能力从"彼得巴甫洛夫斯克"号的 2800 海里 /10 节，提高到至少 4500 海里 /10 节。

■ 战列舰"三圣"号。从这张照片可以看出，其干舷仍旧很低

① 外购的巡洋舰就是后来的防护巡洋舰"维京人"号与装甲巡洋舰"巴扬"号。

■ 俄国战列舰"潘泰莱蒙"号。该舰就是曾经发生过哗变事件的原"波将金"号战列舰,为消除事件影响而更名,照片摄于1906—1910年期间

■ 著名的"波将金"号战列舰

在1898年年初,海洋技术委员会进一步制定了新战列舰的装甲规格。要求新舰全部采用最新的哈维钢与克虏伯钢装甲,并在现有战舰的基础上增大防护面积,加强船只的持续战斗能力。至此,俄方算是基本给出了新购战列舰的技术轮廓。

海洋技术委员会倾向于通过法国的船厂来建造新式战列舰，这样刚好有利于俄国船厂对法国造船技术的吸收引进，可谓一举两得。但是，当这份价值 3000 万卢布的巨额订单被公布出来以后，各国的军火企业立即蜂拥而至，竞相示好。也难怪船厂和军火商们会为之疯狂，因为就在这之前的数年内，同样急于扩充海军的日本曾接连抛出天价采购合同，试图从零开始建造一支世界级的舰队。但由于一些众所周知的原因，最后这些订单都成了英国厂商的囊中之物，这难免使其国际同行们种种羡慕嫉妒恨，却又无可奈何。所以当这次俄国公布其采购意向后，各国厂商自然是要来铆足力气争抢了。甚至不惜走各种关系，游说俄国海军司令甚至皇帝本人。最后在各种权衡与施压下，新舰合同被一分为二，分别交给了法国土伦造船厂与美国的费城造船厂。前者负责建造战列舰与装甲巡洋舰各一艘，后者将建造战列舰与大型防护巡洋舰各一艘。于是，便有了后来的"皇太子"号与"列特维赞"号战列舰。

"皇太子"号是一艘纯法国血统的战列舰，全舰从外观上便透出一股法式风格特有的圆润感。与当时所有法国战列舰一样，这艘船的装甲系统防护区域巨大，超过欧洲同时期的战舰甚多。此外，法国设计师遵照俄方关于"高海况下副炮全数可以使用"的要求，将全部 12 门 152 毫米副炮统统安装在了甲板上的炮塔内。这样做不但确保了副炮可以在恶劣海况下正常使用，还使其射界和防护比传统的在量舷按照炮列布局的模式有了巨大改善。但全舰过重的装甲，必然造成了超重和船身重心升高的问题。为了增强稳定性，法国设计师按照惯例将船体水线以上设计成了内倾造型。这样做的缺点也很明显，一旦船体发生倾斜，其复原能力势必远低于船舷外飘和垂直设计的其他船只。然而，这在当时是唯一的解决办法。

相对而言，"列特维赞"号的设计就要保守得多。费城造船厂给出的方案，参考了当时该厂正在建造的美国海军"依阿华"号战列舰（BB-4）。鉴于俄方严苛的吨位限制和至少 18 节航速的硬性规定，厂方将"依阿华"号上的炮塔式副炮设计剔除，扩大了动力舱以便容纳更大功率的主机。对于俄方提出的副炮能够在恶劣海况下射击的要求，美国人以提高干舷高度，整体提升适航性作为解决方法，而未采用炮塔化的副炮设计。

最后，土伦造船厂、费城造船厂交付的"皇太子"号与"列特维赞"号，经过各自严格的试航检验，都是符合俄国海洋技术委员会订购要求的优秀战列舰。但两舰的实现性能与要求截然相反。法国人将大量新技术集中运用于战列舰之上，例如电驱动炮塔，以及全部炮塔化的副炮系统。然而，诸多新技术的集成势必带来可靠性的问题，并造成其他方面的未知问题。实际上，光是为了满足"皇太子"号诸多电动系统的巨大电力需求，而塞进主机舱内的那6台蒸汽发电机，就已经令设计师费尽心力。与之相比，"列特维赞"号保守的风格且没有任何吸引人眼球的地方，却被认为是可靠且实用的。两舰开工时已临近世纪之交，装甲材料技术经过近半个世纪的积累后已逐渐功成圆满，所以无论是"皇太子"号还是"列特维赞"号，都有幸成为世界上首批全面采用克虏伯装甲钢技术的战列舰。

1903年11月19日，战列舰"皇太子"号驶入旅顺港。"列特维赞"号，比它要早上一个月时间。次日，俄罗斯太平洋舰队司令奥斯卡·维克托罗维奇·斯塔克海军中将决定以这艘战舰充当旗舰。

此时，俄罗斯太平洋舰队已经拥有7艘战列舰。如果把1902年12月服役的装甲巡洋舰"巴扬"号也算上的话，这里已经云集了8艘主力舰，与隔着朝鲜海峡虎视眈眈的日本海军，处于一种微妙的平衡关系。然而这却是一种虚假的平衡。俄罗斯太平洋舰队配备的7艘战列舰分属四种不同类型，不仅主炮口径与性能参差不齐，只能勉强达到16节速度的3艘彼得巴甫洛夫斯克级战舰，也势必会拖累整个战列舰编队的最大速度。

这只是一堆为了不同需求和战术考虑而分别建造的战舰，杂乱无章，全无条理。而原本应该配属给太平洋舰队的那5艘新式战列舰，不久之前才在一一空出来的船台上搭建船体。那边是后来覆灭于对马之战的博罗季诺级，一种基于"皇太子"号的设计发展来的，达到15000吨规模的主力舰。

俄罗斯帝国诺曼诺夫皇朝末期的海军扩张计划，自开始至结束均没有一个独立而明确的目标。其存在的意义，除了应对各战略方向上突如其来的威胁，便是为帝国对外扩张计划所服务。正所谓起于彻头彻尾的"未知"之中。而透过历史的迷雾，纵观其不久之后的结局，这支舰队最后也将消亡于一片"未知"之中。

正如斯多葛主义的代表人物塞涅卡所言：当你不清楚自己要去哪个港口的时候，任何风向都不会令你满意。

19世纪后半叶的船用装甲钢演化

以1850年为起点，在克里木战争前后出现的蒸汽装甲舰通常会使用一些铁板作为防护。起初，对于前膛炮一层熟铁板便能基本确保无虞，对于较重的弹丸，也只需要适当加厚铁板便可以应付。但随着长锥形炮弹的出现，熟铁开始显得无力。

1876年，施耐德钢出现，其具有比熟铁更大的硬度。不过英国海军在进行测试后发现，这种装甲材质过粹，容易在重击后断裂，实用性有限。直到一年后，在一次偶然的事件中，两位英国工程师发现当施耐德钢和熟铁板嵌合在一起后，能够产生非常理想的抗弹效果。于是英国人开始将施耐德钢板与熟铁板焊接在一起，构成世界上第一种原始的复合装甲，即所谓的"钢面铁甲"。但是，早期的焊接技术相对落后，并不能在两块板材之间形成牢固的焊点，往往削弱了其实际的抗弹能力。

随着冶金技术的进步，欧洲的钢厂发现在铁水中添加其他的元素能有效地改善其机械性能。1888年经过反复的实验，新一代的镍钢装甲板宣布问世。此时，人们已经逐渐认识到，在钢板中添加足够的碳元素，能极大地增强板材的硬度。一块具有良好韧性的低碳钢板，如果能够通过某种手段使其表面渗透进适量的碳，其坚硬的表面就能够具备极好的抗弹能力，而具有足够韧性的内层则可以有效避免钢板在中弹后的开裂和破碎。4年以后，经过反复尝试，美国工程师海沃德·奥古斯都·哈维初步掌握了给镍钢装甲板进行表面渗碳的技术。于是哈维钢问世了。

在哈维钢发明以后，

■ 皇家海军战列舰"科林伍德"号，该舰奠定了无畏舰之前标准战列舰的基本构型

■ 施工中的战列舰"无畏"号。照片中为该舰的穹甲构造部分，主要敷设克虏伯装甲钢

装甲钢的技术并未就此停滞不前。德国的克虏伯公司经过改进，发明了改良过的哈维硬化法，并将之运用到新开发的镍铬合金钢上，使克虏伯装甲钢问世。

渗碳表面硬化的镍铬合金钢（KC），6英寸（152毫米）厚的克虏伯装甲防护能力相当于7.5英寸哈维钢甲，或是12.5英寸（317.5毫米）钢面铁甲、16英寸（406毫米）的熟铁装甲。

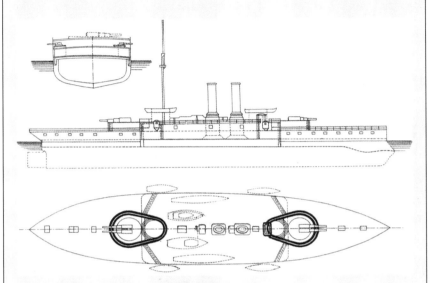

■ 英国皇家海军"科林伍德"号战列舰装甲防护区示意图

■ 由俄罗斯海洋技术委员会主导设计的布雷巡洋舰"伊利英中尉"号，该舰是俄国海军舰队内首艘专职布雷舰。其基础设计和使用经验为之后建造的、曾在日俄战争中立下赫赫功勋的叶尼塞级的成功做出了重要贡献

帝国海军的无畏舰时代
日俄战争后俄国海军力量的重建

⇥ 沙皇的希望 ⇤

从涅瓦河方向吹来的寒风拂过码头，使冬天的圣彼得堡显得格外阴冷，等候的人瑟缩着脖子。在码头上，虽然有军乐队和大批迎接的人群，但这并不是凯旋式，气氛沉寂而阴郁。当悬挂着白蓝红三色国旗，隶属俄罗斯志愿商队的货轮缓缓靠向码头时，乐声终于奏响了，曲调激昂却显出几分凄凉。

船上的舷梯缓缓降下，人群开始向前涌动，尽管沙皇的宪兵在竭力维持秩序，但是很快，从船上涌下的人和码头上等待已久的人，以一种任何力量都无法阻挡的趋势交织在了一起。无数分别已久的亲人相互拥抱……有哭泣、有欢笑、有鲜花、有眼泪，还有一些人虔诚地画着十字，向圣尼古拉①和上帝答谢。

在码头的一角还有一些人，妇女、老人、小孩，他们以一种和人群格格不入的气氛在一旁静静等待着。没有哭泣，因为泪水早已流尽；也不曾有言语，因为他们心底里已经失去了希望。他们是俄国战殁者的亲人、妻子、恋人，虽然阵亡名单在很久之前就公布了，但今天，他们仍旧出现在这里，以一种麻木的心情祈祷着上帝给他们带来奇迹……

对很多人来说，战争直至此刻才是终结。对另一些人而言，远未结束！

"无碍大局"

在《朴次茅斯和约》签订前的3个月，1905年5月27日，经过一年时间的远航，俄罗斯第二和第三太平洋舰队（也可以被认为是太平洋舰队的第二和第三中队）终于接近了他们的目的地海参崴港。此时在陆地上，俄国陆军已经在奉天会战中全面落败，东西伯利亚军团于3月10日被逐出了东北的政治、经济中心奉天，北撤至四平街一线。虽然俄国陆军通过西伯利亚铁路获得了一定程度上的增援，信心尽失的俄军尽管拥兵30万却再无战意，与向北压至四平街一线，同样成为强弩之末的日本陆军重兵集团紧张对峙。而海军的重

---

① 圣尼古拉一直被认为是俄罗斯的守护天使。

要基地旅顺，更是在 1905 年 1 月 1 日便破城投降，而这支舰队原本就是为了支援困守在此的俄国第一太平洋舰队。即便如此，他们仍然必须向前，为了保全帝国最后一点儿颜面。

在 27 日至 28 日的 2 天内，从波罗的海起航远征 18000 海里前去"赴死"的俄罗斯舰队，毫无悬念地败给了以逸待劳的日本联合舰队。日本人称这场海战为"日本海大海战"，我们则习惯称作"对马之战"，不论使用何种称呼，当日本海上的硝烟散去时，俄国在这场战争中全面落败的结局已经没有任何疑问。俄国的武装力量承受了惨重损失，其中海军尤甚，俄国海军几乎丧失了全部曾经拥有的现代化战列舰、巡洋舰，以及绝大多数的驱逐舰，舰队的处境可以用"全军覆没"来简单概括。

俄国沙皇尼古拉二世对这场惨败究竟作何理解？正是他决定在第一太平洋舰队主力遭受毁灭性打击之后，仍坚持将俄国波罗的海舰队主力投入远征，试图挽回那虚无的胜利。但这个问题恐怕没有人能回答，我们所能了解到的只是俄国宫廷记录中的只言片语，一些简单的事件记录。

1905 年 5 月 29 日，俄罗斯舰队在对马海峡全军覆没的消息传到了地球另一侧的圣彼得堡。当宫廷值班侍卫心急火燎地赶去向他们的皇帝通报这一噩耗时，心情很不错的尼古拉二世面带微笑地"宽慰"这个诚惶诚恐的臣子："天气多好啊，明天你是不是想去打猎？"

皇帝以一种完全不为所动的轻松态度，向眼前的臣子询问着完全不相干的话题。这番景象足以令世间最雄辩和最正经的人当场语塞，因为相比沙皇这种大幅度的思维跳跃，一般人的大脑显然进化得还不够发达。

无所适从的雷泽夫斯基少将茫然地退开了，他的脑子需要一点儿时间来消化刚才所发生的事情。最后，他终于搞明白了，随即愤怒不可抑制地取代了忠诚——对他们的皇帝来说，那些为了捍卫帝国最后一点儿颜面战死在地球另一端的水兵们，还不如陛下在夏末的一次郊游。

尼古拉二世摆出这副态度的原因我们不得而知，也许他只是为了在危急时刻表现出帝王应有的临危不乱的气度。但是直到罗曼诺夫王朝覆灭、尼古拉二世本人死于布尔什维克之手，历史终究还是没能给后人了解这一真相的机会。

然而，沙皇这种不同寻常的镇定，不由得使人联想到了另一个人，西班牙国王菲利普二世。300多年前，这位曾在欧洲史留下深刻烙印的君主，当得悉远征英伦的无敌舰队覆灭之后，他发出这样的感言：

"感谢上帝使我有这样大的权力。只要愿意的话，我可以轻松地再建立一支舰队。只要源泉不断，一道流水固然有时会被阻止，终究无碍大局。"

是的，只要有"权力"，重建一支舰队又有何妨？对于某种程度上善于断章取义解读历史的我们而言，无敌舰队的故事往往就是伴随着覆灭而告终的。我们的史学家和教科书只是在其覆灭之后，加上了诸如"英格兰的海上霸业从此开始"之类的词句。同样的，他们也定义了曾在蒸汽时代初期盛极一时的俄罗斯海军就此走向没落。

■ 尼古拉二世的画像，头上的帽子很好地掩饰了日本爱国人士给他留下的刀疤，胡子和表情给人一种威武坚定的错觉……尼古拉二世和他的表亲威廉（德皇威廉二世）有着类似的"制服癖"，似乎特别喜欢穿俄国海军制服，尽管他的海军军衔只是上尉

但是，历史并不应该被这么不负责任的删节。菲利普二世实现了他的豪言壮语，凭借哈布斯堡王朝鼎盛时期的巨大财力，重建了他的无敌舰队，并在以后的许多年月里使英格兰陷入苦战。1588年5月的战争只是英格兰走向海洋的开始，虽然历史已经说明了最后的结局，但现在就下定义未免为时尚早。同样的，尽管俄国海军在日俄战争中全军覆没，却并不意味着这个世界大国的海上力量就此退出历史舞台。沧海化作桑田，时间已经过去了近300年，那么，与菲利普二世一样，做出了"豪迈"姿态的尼古拉二世又将有何作为？在十几年后那个我们所熟知的时刻，于一夕之间覆灭的俄罗斯舰队，将会在这段俄罗斯帝国的最后时光中，经历一些什么样的变化和发展？

沙皇海军军衔点滴

从彼得一世起，俄皇的海军军衔就有了"论功行赏"的传统。当年彼得大帝也是这样从海军少尉开始，根据自己在海军中立下的军功，逐步晋升至海军上将军衔。这个传统被继承了下来，尽管沙皇依然是俄国陆海军实质上的总司令，但至少在海军内，皇帝需要靠自己的努力来"晋级"。

而关于本文的题图，这里也需要顺便说两句。照片摄于1913年7月7日，装甲巡洋舰"留利克"号（Rurik）正在2艘战列舰后行驶。此时，沙皇、海军部长和波罗的海舰队司令艾森上将（Admiral N.O.Essen，日俄战争中指挥俄罗斯太平洋舰队符拉迪沃斯托克分队的俄国海军名将）正在舰队旗舰"留利克"号上，观看在勒维尔举行的舰队演习。注意航行在队列之前的2艘战列舰中桅上都悬挂着标有"nash"的红色信号旗，在俄国海军内此意为"开火"，此时两舰的前后主炮塔指向右舷射击。"留利克"号主桅上悬挂有沙皇的长条旗，表示他正在船上。该舰舰桥上的其他海军士兵也和沙皇一样，正饶有兴致地观看着队列前方战列舰上的炮术演练。

■ 沙皇站在"阿斯科尔德"号（Askold）巡洋舰上，注意他身穿的制服，其军衔正是俄国海军上尉。笔者并不清楚这是不是他在1905年5月29日穿的那套"海军上尉制服"。

破败与希望

人所尽知的，在 1904 年到 1905 年的日俄战争期间，俄国太平洋舰队损失了全部主力舰。但是，这个"全部"究竟如何定义？

在远东，俄罗斯仅存的海上力量是龟缩在海参崴的太平洋舰队符拉迪沃斯托克分队的残余：2 艘被打坏，而且没有船坞能提供维修的老式装甲巡洋舰（"俄罗斯"号、"格洛鲍依"号），1 艘因触礁导致船底受损的轻巡洋舰（"壮士"号）。由于没有船坞可供维修受损的船壳，这 3 艘巡洋舰等同于报废。当然，在海参崴还停着数艘小型雷击舰、驱逐舰，以及数艘鱼雷艇和少量辅助舰艇。但是这些船多半已经过时，因为缺乏保养和零配件供应而破旧不堪，这本来便是俄国太平洋舰队主力全力经营旅顺亚瑟基地后，"转让"来的破烂货。

在欧洲的中心地带，波罗的海内的俄国舰队曾经是这个国家海上力量的核心。然而，这支舰队在海战中损失殆尽，包括 4 艘最新式的博罗季诺级战列舰在内的俄舰，毫无悬念地在对马海峡迎来了它们的"光荣"。当 1906 年到来的时候，在最靠近俄罗斯心脏地区的波罗的海——这个被彼得大帝称为"俄国通向欧洲的窗户"的地方，俄国的海军力量除了因为工期延误，未能一

■ 在黑海以外的地方，只有少数主力舰队从1904—1905年的灾难中幸存下来。波罗的海舰队的"光荣"号在1904年并未及时完工，照片为该舰完成了1910—1911年在法国进行的现代化改装之后，航行于海上的情景。1914年的舰队计划中，"光荣"号被指派为训练用途。名义上该舰为低级海军服务到1925年，但事实上它在1917年就沉没了

起前往远东送死的战列舰"光荣"号（也属博罗季诺级）以外，只剩下了一些具有岸防价值的老式铁甲舰（叶卡婕琳娜二世级等老船），以及为数不多的鱼雷艇和驱逐舰。

远在欧洲另一端的黑海舰队，尽管实力未受损失建制整齐，却由于众所周知的原因在对俄国海上力量方面并无多大意义。

总的来说，1906年的俄罗斯福祸并存。在经济方面，在美国政府和西奥多·罗斯福的调停下，俄罗斯帝国避免了向日本支付巨额财政赔款的最坏情况。即便如此，战争本身的消耗对俄罗斯这个庞大却空虚的帝国而言，仍是一笔极为沉重的负担。战争之前，俄罗斯国务运动家维特的努力虽然使俄国的重工业得到了迅速且显著的增强，但这并不是自然发展来的，而是通过人为的重点项目投入、极度偏向重工业和军火工业的经济发展计划造就的，其目的是满足自身加强国家军事实力的要求，而不是在一个可以良性循环的经济系统内有序发展。西伯利亚大铁路的建设所需、俄罗斯海军舰队在战前的发展、工业部门对机床和各类电器设备的需求等等，国家的大笔投入造就了短时间的繁荣。同时也因为战争期间对军火、补给品、工业设备的暴发性需求而繁荣过好长一段时间。但是有一点不应该忽略，这些繁荣是建立在国家的单方

■ 对马之战最后阶段，向日本联合舰队投降的残兵，图中右侧是俄国战列舰"尼古拉一世"号

面投入之上，并不是在整个欧洲经济体系内倚赖广泛的市场需求相应发展而来的完整产业链和供需平衡体系。这意味着一旦俄国政府的投入有所减少，那么这种靠喝自己的血创造的繁荣将会像海滩上的沙堡一样幻灭。

片面经济政策的弊病在 20 世纪最初几年内便已经浮现出来，不过政府建设海军、西伯利亚大铁路的巨额投入曾暂时掩盖了这种矛盾，尽管俄国政府的财政在 20 世纪之后的几年内持续恶化，但巨额投入带来的就业、采购等需求使俄国的工厂和民众暂时受益。然而战争的惨败使被繁荣假象遮掩的危机迅速暴露在新关东州（俄国强租的旅顺等地），帝国在中国东北以及辽东的投资也随着战争的失败打了水漂。

时至 1906 年，由于战时需求的全面停止，加上死伤军人的抚恤金压力和其他费用，曾经的繁荣已经逐渐沦为了一种负担。虽然在短时间内，皇帝热衷于俄罗斯大海军的建设，让许多船厂忙得不亦乐乎，但军舰毕竟不是商船，如果算上建成之后的维护与运作费用，其在经济上的意义是完完全全的负值。西伯利亚大铁路有助于开发矿产林业丰富的西伯利亚冻土地带，却难以在短期内收到直接的经济效益，相反还需要在很长的一段时间内持续投入资金，以建设铁路沿线的配套设施。而俄罗斯政府为确保独占这条对其而言至关重要的铁路动脉，完全摒弃了外来投资的介入，这保证了俄国政府对西伯利亚大铁路掌握着绝对控制权，同时也意味着俄国必须独立承担这条耗费巨大的铁路干线的建筑费用。在这种情况下，被宣传为繁荣的动脉实际上暂时成了卡着喉咙的绞索。俄国完全吸收 20 世纪初期几年大发展的成果需要一段时间，而在完成这些之前，国家的财政将会处于捉襟见肘的状态。

战死者家属的抚恤，遣返人员的安置，远东仍属俄国领地的重建，种种花费并没因为战争结束而终止。沙皇在战前对海军建设表现出了异乎寻常的关心，早在 1902 年的秋天，在尼古拉二世授意下拟订的 20 年造舰计划，便将当时许多力主扩大俄国舰队的海军将领吓得目瞪口呆。该计划将以每年 8500 万卢布的投入，在俄国的波罗的海、黑海、太平洋三个主要出海口建设规模庞大的主力舰队。就当时俄罗斯海军而言，每年获得的军费亦不过千万，更何况当务之急是建设西伯利亚大铁路，这需要每年持续的巨额投入。

但是在 1905 年年末，对于已经损失殆尽的俄国舰队，沙皇本人一度显得

■ 列队等候检阅的俄罗斯东西伯利亚集团军士兵，照片拍摄于日俄战争之前。俄国士兵虽然普遍文化水平不高，但以坚忍不拔和服从忍耐闻名于世。战争失败的主要原因是指挥官和他们的皇帝太过无能

毫无兴趣。这并不让人感到意外，因为 1906 年年初，遣返自远东的俄国人已经在俄罗斯商船队的运送下陆续回到了欧洲。在圣彼得堡的码头上，军乐队敲敲打打却难以掩饰阴郁和惨淡的气氛。任何有理智的人都会对帝国之前在远东的扩张政策持怀疑态度，更不会去妄想重建那支已经全军覆没的舰队。特别是在这个帝国越来越多地表现出革命危险的情况下。

然而，俄国的地理环境决定了它易于受到海上威胁的特点。由于其出海口被陆地分割为独立的 4 个相互不能支援的水域①，这也就意味着它的海上力量必须被分散在 4 个完全独立的海域内，彼此的支援几乎是不可能的。特别在波罗的海区域，彼得大帝亲自下令修筑的俄国首都圣彼得堡濒临波罗的海并紧靠俄芬边界，抽调波罗的海舰队组成第二太平洋舰队驰援远东之后，俄国在波罗的海的区域门户洞开。尽管在芬兰湾沿线修筑了相当数量的海岸炮台，但在没有海上舰队配合的前提下，这只是一些可以被随意轰着玩的固定靶。

当然，对俄国而言 1906 年年初的情况并不至于绝望。

首先是英国政策的转变，由于俄国在欧洲和亚洲的扩张势头都被扼制（19世纪中英法曾联手击溃俄国黑海舰队和俄国南方的军事力量，遏制了俄国对奥斯曼土耳其的扩张以及将手伸入地中海的势头。而英国一直是国际马基雅维利主义的领军势力），对日战争的彻底失败使俄国的军事力量，特别是海上

---

① 这 4 个水域分别是北方海域、波罗的海、黑海、远东太平洋沿岸。

力量受到了严重的削弱，进而导致了对沙皇权威的质疑①，这和俄国国内日益强大的工商阶级相结合，有威胁到沙皇统治的可能，故出于英国传统的大陆平衡政策基调，更是为了能彻底瓦解德俄之间的传统情谊，仅仅一年前还竭力削弱俄国的英国开始朝俄国靠拢。1904年，英俄之间签署了友好协定，而英俄之间的"和睦"关系将会随着德国武装力量的继续增长而加强，而这个《英俄友好协约》最后会发展成"协约国"的基础（Entente，1904年英法签订的协议被称为"Entente Cordiale"）。

再者，由于美国总统罗斯福的调停和日本的底气不足，最坏设想中的巨额对日赔偿并未成为现实，这使俄国财政部和各界得以在巨额战费、战后抚恤的压力下缓了一口气。虽然战后调整、军人抚恤和海军重建的巨额花费依然压力重重，但毕竟是省下了一笔毫无意义的开支。

最后，虽然对日战争的失败和尼古拉二世一系列施政的失败，使俄国国内埋下了革命的种子，但就战后俄国的现状而言，革命的威胁并算不上迫在眉睫。由于沙皇在1905年10月对国内的工商界资产阶级做出了妥协，确立了宪法并召集了杜马，因此俄国国内的资产阶级和中产阶级重新和沙皇结成了同盟，而历来保守的农民和土地所有者依然拥护尼古拉二世。同时，由于西伯利亚大铁路的开发与修缮，其为俄国社会带来的巨大经济价值正因为其军事用途的降低而显现。铁路建设本身及其周边配属设施的构筑带来了巨大的劳动力需求，而铁路沿线的开发也带动了俄国原本荒凉的内地的繁荣。由于铁路沿线穿越了一系列木材和矿物资源丰富的地区，铁路本身意味着极有可能迅速转运这些资源，这促成了对西伯利亚荒原的第一次大开发，由此而来的庞大市场和数以万计的工作机会，使战争结束带来的剩余劳动力在极短的时间内得到了消化。俄国社会在战争过后反而呈现出一种奇特的繁荣。

---

① 1905年10月8日，大臣会议主席维特上书沙皇尼古拉二世，劝说沙皇设立立法杜马和实行宪政。沙皇尼古拉二世赞同有限度的改革，责成维特制定一份详细的政体改革方案供他参考。维特和他的助手奥德连斯基用了10天时间草拟出《整顿国家秩序宣言》，在10月15日面呈尼古拉二世。维特再次进言："在当前的形势下，只有两条道路可行：要么宣布军事独裁，镇压一切反对者；要么让步，实行立宪改革。"10月17日早晨，沙皇尼古拉二世终于在《整顿国家秩序宣言》上签了字。同日，该宣言以诏书的形式发布全国，因此又称为《十月十七日宣言》。

■ 正在东宫广场内检阅禁卫队的尼古拉二世，虽然极不情愿，但是在1905年，沙皇如果不对国内的反对力量做出某种妥协，俄国爆发革命的危险就不会消除

对失败的反思

对俄国而言，海军是一种必须的存在。由于其多数海岸线属于他国可封锁的水域，数百年来俄国对外扩张的一个主要目的便是向南方推进，寻找温水不冻港。而且，俄国在波罗的海和黑海都有传统竞争对手，海军亦是保障俄国国家安全的第一道防线。

1905 年年末的俄国海军既惨淡又亢奋。一方面，对马之战中俄国倾尽所有却全军覆没，俄罗斯海军迎来了自克里木战争之后最惨淡的岁月。但从海军技术方面来看，俄国人很容易找到新的寄托，因为对马之战以及一系列海战的经验显示，未来的海上作战要求重建的俄国海军拥有一种全新的战舰——即"无畏舰"。如果能及时跟上海军的这一潮流，重建的俄罗斯舰队很有可能与英、法、日等国家站在同一起跑线上。

当然，事情也并不是造点儿新船那么简单。某位已经不可考的俄国军事评论家，曾得意扬扬地在当时的俄国军事杂志上发表了这么一段话：

"……俄国完全不必为海军的溃灭感到多么惋惜，即便是其中最新锐的舰艇（在日俄战争中损失的），对于现在的海军发展来说，都是即将过时的老东西……"

单从武器方面来理解，也许这句话是对的，但是这种视水兵性命为无物的调调未免和他的皇帝一样冷酷无情。而这种完全忽视巨大人员损失的逻辑又何尝不是一种愚蠢？这番不顾基本国家现状和潜在社会危机的逻辑又是何等的胡说八道？

在1905年，俄国需要重建的已经不止是一支舰队，而是整个海军。第一、第二、第三太平洋舰队的覆没，使俄国损失的不单是那些"即将过时"的船，更是整个海军三大舰队中的两支和绝大部分可以上阵的水兵。尽管全世界对俄国水兵在训练、文化素质等方面评价都比较低，但这毕竟是一些有服役经验、受过系统训练的水手。经过基本的训练，他们至少可以了解并妥善操作现有的一切军舰。就作战意志、勇敢、服从性等方面而言，他们并不输于任何一方。训练这些水兵和培养足够数量的下级军官，对于俄罗斯这样一个文盲占总人口大半的国家来说，并不是一件容易的事情。日俄战争的惨败，无形地在俄国海军中挖出了一个巨大的人才断层。

毫无疑问，在上一次战争中，俄国军队在实战训练、战术配合中暴露出严重的问题，此外海军在编制、官僚体系、组织构架上的腐朽和愚钝也充分暴露在世人眼前。重建带有双重意义，不止局限于舰队，对于海军组织本身亦然。

实战训练和战术布置要求各编队拥有均衡的战斗力，也就是说舰队主力应该具有相似的火力、装甲和速度。要建造这些战舰，需要综合考虑造船能力、政治利益和经济实力。日俄战争后影响俄罗斯战舰发展的因素有很多，在研究这些因素的时候，我们有必要考虑一下是什么原则促成了这些战舰建造计划，因为这些战舰构成了俄国海军的精髓。

在冲突发生之前很久，俄国远东海军已经为日后的失败埋下了祸根。俄国虽有远大的方针政策，但在战舰建造计划和战略规划方面有着本质的弱点，两者之间存在巨大的鸿沟。俄国有意要加强帝国在远东地区的影响力，此意向却没能反映在俄帝国海军的方针政策和对战争的准备上。舰队编制没能跟上战舰的技术革新，绝大部分仍然停留在1880年以前的水平。当英德等国的海军正忙于改进舰队编制、试验新的武器系统和分析新战术时，俄国海军还在像几十年前那样训练自己的海军。而这一时期的日本，已经在疯狂复制英德等国家的海军模式了。

就舰队本身而言，俄国海军的主要缺陷有两个：

第一，俄国缺少收集和分析外国海军发展情况的特殊情报中心，这个缺陷严重限制了俄国海军的发展。比如，19世纪80年代末，俄国海军部在分析远东局势时，幼稚地认为日本海军在完成舰队建造计划之前不会向其他国家海军寻衅，而且他们认为日本不会在1905年之前完成海军建造计划。然而，日本鱼雷艇向俄国远东舰队发射鱼雷，公开寻衅的时间却是1904年年初。基于1905年之前远东无战事的错误判断，1898年俄国海军建造计划比日本相应的计划落后了2年时间。结果，当战争在1904年爆发的时候，俄国最新的5艘博罗季诺级（Borodino Class）战列舰不是刚完成就是还在舾装，而且全部位于波罗的海。

俄国海军第二个严重的缺陷就是战线上的不协调和不一致，这是因为俄国海军缺乏一个统一的规划机构。在19世纪90年代，俄国确实打算建造一系列的战列舰——叶卡捷琳娜二世级（Ekaterina II，1886—1892，4艘）、波尔塔瓦级（Poltava，1894—1895，3艘）、佩列斯维特级（Peresviet，1898—1900，3艘），

■ 在19世纪末已经过时的叶卡捷琳娜二世级铁甲舰，该舰的主炮组位于船体中央、舰桥周围，呈三角形布置，这样的布局非常陈旧

以及博罗季诺级（1900—1903年，5艘），外加从美国和法国购入的战列舰各1艘。
这些战舰都带有各自的特点，例如叶卡捷琳娜二世级是一种典型的船腰炮房铁
甲舰，带有鲜明的19世纪70年代战舰设计的色彩；波尔塔瓦级和叶卡捷琳娜
二世级就截然不同了，主炮炮塔化、中轴线布置的结构可以看作是俄国海军迅
速跟上当时海军潮流的尝试；博罗季诺级则融合了当时大量的先进技术，比如
安装电动扬弹机、采用新式钼钢装甲、副炮炮塔化等。从技术角度来说，这种
小幅迈步的建设模式无可厚非，甚至时至今日还值得借鉴。但是在战略安排方
面，俄国海军做得非常糟糕。3艘波尔塔年瓦级和3艘佩列斯维特级中各有2
艘被配属到驻旅顺的太平洋舰队，另外在1903年左右，购自法国的"皇太子"
号（Tsesarevich）战列舰和美国建造的"特列为赞"号（Retvisan）也驶入了旅
顺港。在日俄战争开始前，俄国太平洋舰队所拥有的6艘战列舰竟然建造于3
个国家，分属4个不同的型号。从战术角度来说，这种舰队编成方式是极其荒
唐的。

　　不同型号的战列舰在航速上并不一致，这对编队行动来说是个巨大的危害，
而安装10英寸主炮和12英寸主炮的战列舰混成行动也会给火力指挥带来困扰。
当然，在日俄战争初期日本面对俄国第一太平洋中队（1st Pacific Squadron）时，

■　近处为装甲巡洋舰"巴扬"号、远处则是"波尔塔瓦"号。波尔塔瓦级建造了3艘，其中"彼得巴甫
洛夫斯克"号和"塞瓦斯托波尔"号被分配到了太平洋舰队

俄国舰队的这个缺陷尽管造成了一些困扰但不致命，因为分属 4 个级别的 6 艘战列舰毕竟都是俄国舰队当时最新式的主力舰。直到 1905 年第二太平洋中队从波罗的海赶来时，这个大杂烩的危害才明显地暴露了出来，因为这个中队的 12 艘主力舰分属 7 个不同的级别。其中一半的战舰已老旧过时，和另一半现代化战舰相比，在速度、武器和装甲方面都很落后，甚至尼古拉二世为了"凑数"还派出 4 艘干舷很低的海防舰在中途赶来会合。最后俄国司令官指挥舰队不得不迁就这些老战舰，因此它们拖了整个舰队的后腿，对整个舰队在战术展开和调整上显得碍手碍脚。相对的，日本联合舰队的主力舰航速一致指挥有序，在对马之战中充分发挥了速度上的优势，在迟钝的俄国舰队队列前从容地转向、折返、迂回，最后将其歼灭。海军部在计划、训练和组织上的失败不仅令他们丧失了舰队，还输掉了战争。俄国水手向来以纪律严明和英勇无畏著称于世，由于将帅无能和准备不足，加之舰艇搭配上的荒诞，使他们显得群龙无首，在整个战争中只能坐以待毙。

■ 日俄战争期间的俄国舰队并不是以同类舰艇编成的中队作为基本单位，在1904年被派去增援太平洋舰队的舰艇种类繁多。照片为第三舰队的岸防铁甲舰正在通过苏伊士运河前往太平洋

此次战争也证实了马汉理论的正确性，即制海权是战争胜利的决定性因素。尽管轻型战舰在侦察、布雷、扫雷中占有重要地位，但是只能游击的海军无法战胜真正的强敌，决定海上霸权的还是战列舰。在战术层面上，日俄战争的事实还告诉人们，战列线应该由相同或相似级别的在性能上较为统一的战舰组成，数量问题还在其次。

1906 年年初，俄国的舰队重建计划即将展开，他们会着手建造符合上述特点的新式战舰，并尽量采用当时最新的海军技术。可惜的是，俄国人是在遭受惨重损失后才学到了这一点，而英国人早在 15 年前就已经开始采用这样的基本原则来建造和配置战列舰了。

舰队重建的构想

日俄战争之后俄国国内的局势对俄国海军的复兴十分不利。

除了在上文提到的革命风险和经济压力之外，海军的声望也因为如此丢人的完败而降至历史最低点。俄国媒体公开称自己的海军为"自杀舰队"或"对马岛衙门"（Tsusimskoye Vedomstvo），这还不是最难听的。海军能获得多少资源依赖于立法机关，但相关的法律规定，在海军部提交完整的机构重组计划，以及简明的海军发展与建造计划之前，不会拨予新的经费。很明显，俄国海军在着手复兴之前，还需要好好研究一下在国家利益扩张过程中的地位，还必须完善它在指挥编队作战时的基本战术原则。

1905 年 6 月，对马岛战役之后仅仅 2 个月，海军部开始重组。旧海军曾设有海军上将（General Admiral）一职，一般由皇室家族成员担任此职，如今这一职位被废除了，海军大臣（Naval Minister）将之取代。第一任海军大臣为比日列夫（A.A.Birilev）中将。随后设立了总干事（Tovaricsh）一职，负责处理所有的经济与组织问题，统管海军建设与军需总处（Chief Department of Naval Construction）、海军技术委员会（Naval Technical Committee），还有海军部（Naval Ministry）的一切事务。

切格罗夫（A.N.Csheglov）中尉是一位年轻有为的海军军官，在 1905 年年底，他向沙皇递交了一份奏折，题为《俄日战争期间参谋部的职能和工作》（The Purpose and Work of the Staff During the Russo – Japanese War）。在这份奏折里，他将战争失败的主要原因归结为组织混乱，认为海军参谋长（Chief of Naval Staff）要负 90% 的责任。他提议在海军部设立一个全新的分支机构，名为海军总参谋部（Naval General Staff，简称 NGS），负责研究潜在敌对国家的海军力量，制定海军建设计划，并为战争的准备工作制定各种必需的组织原则和措施。1906 年 4 月 24 日，沙皇下诏表明意欲组建 NGS。海军部长从原海军参谋部中挑选了一些合适的军官，在 1906 年 5 月 1 日，这个机构正式成立了。其中的成员都是一些年轻有为的军官（一开始有 15 个，到 1915 年增加到了 40 个），布鲁斯罗夫上校（Captain First Rank L.A.Brusilov）受过良好教育，并且具有丰富作战经验，海军部长让他来领导这个部门，他曾是"格罗姆鲍依"号（Gromoboi）装甲巡洋舰的舰长。NGS 成了海军部的下属机构，负责总结对马海战的教训和领导海军部内部进一步的重组工作。

1906 年年底，沙皇向海军部长比日列夫单独下了一道圣谕，强调说有必要将海军重组工作的优先级调高到帝国的其他军队之上。建造当时最先进的"无畏舰"，就是 NGS 所制定的优先级别最高的任务之一。这种战舰的排水量为 22000 到 26000 吨，火炮的口径为 12 英寸。海军部接着为 2 艘无畏舰的建造申请了 4200 万卢布（相当于 2100 万美元）的经费，建造时期为 2 年到 3 年。然而，财政部长库克夫斯蒂夫（V.N.Kokovstev）答道"对这个订单的意义没有信心"，并且称在海军部制定出一个长达数年的完善的建造计划之前，要想得到这笔经费是不可能的。随后在这一年剩下的时间里，直到 1907 年年初，海军和各个部门的代表开了无数次会议。这些会议的目的在于理清海军的职能，制定海军和陆军之间的联合防御计划，并为海军制定俄国全部外海的防御计划。

1907 年 3 月，NGS 向沙皇尼古拉二世递交奏折，题为《一个海军计划的战略基础》（Strategical Foundations for a Plan of Sea Warfare）。NGS 基于当时俄国财政状况提出了 4 个战舰建造计划，他们提议通过建设完整的海军中队来复兴俄国海军，第 1 个计划为建设 4 个这样的中队，到第 4 个计划减少为 1 个。每个中队的建造费用为 3.5 亿卢布，沙皇选择了第 4 个计划，即在波罗的海建造 1 个完整的海军中队，包括 8 艘战列舰、4 艘战列巡洋舰、9 艘轻巡洋舰和 36 艘驱逐舰。这个所谓的"小计划"（Small Program）将耗时 10 年，着眼于波罗的海的主要战略任务，即保卫在芬兰湾和波罗的海内的俄国海外权益。若将造船、装备基地和训练费用，以及黑海2艘前无畏舰的现代化费用计算在内，这个计划的总预算达到了8.7亿卢布。1907年4月2日，沙皇命国防议会（Council of State Defence，简称CSD）审议这个项目，并将NGS的报告交给国防议会，报告论述说波罗的海防卫任务要求战列舰队的建造必须享有优先权。

然而CSD在1907年4月9日的会议结果与沙皇的意愿相反。议员们认为，在陆军众多迫切需求得不到满足的情况下，为海军划拨将近10亿军费是难以令人接受的。国防议会的反对意见令尼古拉二世勃然大怒，拒绝接受表决结果。可见他对海军的复兴远非无动于衷，而且可以认为在某种程度上已经同海军部结成了坚固的政治同盟。

1907年5月初，部长会议（Council of Ministers）同意海军部每年为主力战舰建造申请3100万卢布的费用。6月9日，尼古拉二世批准了一个删减版的"小计划"，其中仅包括2艘无畏舰。但是在一个月后，7月12日，来自沙皇的命令又突然将战列舰的建造数目增加到了4艘。

海军的这个建造计划的总预算为1.27亿卢布。由于国家杜马（State Duma）的反对，海军需要花费1907年剩下的时间、1908年全年和1909年的一部分时间才能凑够这些费用。此外海军部的一项决定也拖延了建造计划的实施，他们宣布外国公司也可以参与无畏舰设计方案的竞争。这引来了众多的外国公司参与竞标。

就这样，一直到了1909年6月30日，圣彼得堡造船厂才布下第一批4艘无畏舰："塞瓦斯托波尔"号（Sevastopol）、"彼得罗巴甫洛夫斯克"号（Petropavlovsk）、"波尔塔瓦"号（Poltava）和"甘古特"号（Gangut）的龙骨。

海军部在NGS的带领下竭尽全力加快新战舰的建造速度。自1909年中期以后，由于人事方面的调动，海军部的组织结构发生了变化，整个部门的办事风格和先前有了很大不同。而1911年4月格里戈罗维奇（I.K.Grigorovich）中将被任命为海军部长之后，海军部的这一风格又得到了进一步强化。格里戈罗维奇中将在俄国社会享有很高的威望，对国家杜马的影响也很大，因此他可以为海军争取到更多的军费。

　　塞瓦斯托波尔级战舰布下龙骨后不久，NGS 又提出了一个为期 10 年的海军建造计划，从 1909 到 1919 年。在这个计划中，波罗的海舰队至少拥有 8 艘战列舰和 4 艘战列巡洋舰。1909 年 8 月 3 日，由首相斯托雷平（P.A.Stolypin）主持的一次会议审议了这个计划的草图，其间有不少反对意见被提了出来。NGS 对规划作了适当的修改，但主力战舰数目未变，并于 11 月份再次提议。1910 年 2 月 24 日，部长会议审议并通过了这个计划。3 月 25 日，沙皇肯定了这个计划，并在文件顶部写下了自己的决定："同意。这个计划必须在 10 年内成功完成。"尽管已经得到了国务院和沙皇本人的首肯，但是不管怎样这个计划还得送交杜马通过才行。海军部又花了差不多一整年的时间来准备文件，列举将此新造船计划付诸实践过程中的各项具体工作。而此时的国家杜马正被众多其他问题所困扰，其中包括 1910 年的海军评估（Naval Estimates），此外还有一个迫切需要解决的问题，就是如何加强黑海舰队，包括为其提供 3 艘无畏舰。

■ 战列舰"波尔塔瓦"号海试时的照片。该舰在 1919 年 11 月 24 日的一次火灾中受损，并且再也没有被修复，残骸在废弃了十余年之后被苏联当局拆毁

⇥ 奥斯曼的"威胁" ⇤

俄国黑海舰队始建于19世纪80年代，主要是为了保护俄国在南方的利益，以及在黑海的霸权。1909年，那一片海域的俄国海军包括3艘相似的战列舰："三圣徒"号（Tri Svyatitelia）、"罗斯蒂斯拉夫"号（Rostislav）和"潘特雷蒙"号（Panteleimon，即原来大名鼎鼎的"波将金"号），还有2艘同类型战舰正在现代化改造之中——"叶斯塔菲"号（Estafi）和"伊万·扎拉图斯特"号（Ioann Zlatoust，或译为"圣约翰"号）。当然，用这些军舰来对付土耳其海军已经足够了。20世纪初，曾强盛一时的土耳其正在走下坡路，对应远东的清帝国，被冠上了"西亚病夫"的外号。但是其他列强，比如英、法、德等国仍在土耳其身上寻找着各自的利益，况且一直致力于欧洲大陆制衡政策的英国决不会坐视俄国随意攻击土耳其。

为了抑制俄国几乎无止境的扩张欲望，大约从1905年开始，这些列强希望土耳其能强大到足以控制达达尼尔海峡（Dardanelle）的地步。说白了，他们就是想阻止俄国黑海舰队进入东地中海，从经济角度来看，列强试图通过海峡来控制俄国的农产品和工业品出口，为本国的商品争夺在中东和巴尔干地区更大的市场份额。

1909年年初，西方列强对土耳其海军的援助正式开始。1910年，土耳其从德国和法国那里获得了2艘前无畏舰、8艘较现代的巡洋舰；1911年土耳其向英国私营船厂订购了2艘安装13.5英寸主炮的超无畏舰——"雷萨德五世"号（Reshad V）和"雷萨德·哈米斯"号（Reshad I. Hamiss）[①]。这一系列动作，迫使俄国把黑海舰队的扩军工作提到了紧急议事日程上来。

国家杜马在1911年3月底考虑了海军部的提议，5月19日通过了一项法律，以处理"黑海舰队扩军资金"的问题，随后沙皇签字同意了这项法律。新的海军建造计划将耗资1.22亿卢布，包括用于强化俄南方海军的3艘无畏级战列

[①] 前者是第一次世界大战中皇家"大舰队"里的超无畏舰"爱尔兰"号，后者本来很可能以该舰翻版的面貌出现，但是船厂方面的说客成功地让奥斯曼方面转变心意，购买了当时因客户退货而停工的原巴西战列舰"里约热内卢"号，土耳其方面将其更名为"苏丹奥斯曼一世"号。

■ 在一战爆发前，土耳其海军制定了一个极富野心的战列舰购置计划。其中最引人注目的大概要算巴西的"里约热内卢"号，该舰装备了14门12英寸主炮，分装在7个双联装炮塔内。土耳其于1913年12月买下这艘船，当时该舰还在英国，尚未完成建造。第一次世界大战前夕，在时任海军大臣——靠选择性遗忘之"神功"混迹英国政界30余年，被各方势力鄙视，甚至在自己党派内部也不受待见的温斯顿·丘吉尔的命令下，"里约热内卢"号和其他在英国建造的外国战列舰，在完工后即被英国海军夺走。照片中是一战末期拍摄的英国皇家海军"阿金库特"号，即原巴西海军"里约热内卢"号，土耳其将其命名为"苏丹奥斯曼一世"号

舰"玛丽亚女皇"号（Imperatritsa Maria）、"叶卡捷琳娜二世"号、"沙皇亚历山大三世"号（Imperator Aleksandr III），9 艘诺维科级（Novik Class）驱逐舰和 6 艘潜艇。决议一通过，俄国南方的造船厂就立即开始了舰队的重建工作，尤其是那些新型的无畏舰，塞瓦斯托波尔的海军工厂预计它们的建造时间至少要花费 42 个月。

《海军法》

波罗的海舰队类似的建造计划没能被很快地接受。实际上，至 1911 年，就算杜马通过了这个所谓的"大计划"，也无法将其立即付诸实施。原因主要来自于财政方面，俄国需要 2 ～ 3 年的时间来积累这笔资金，因此计划也相应的被拖延了。1911 年 3 月初，海军部长格里戈罗维奇向沙皇递交了一份悲观的报告，陈述波罗的海舰队的建造计划不能再拖延下去了。如果将计划拖至 1914 年，那就意味着到 1916 年，波罗的海现有的装甲巡洋舰都会因过于陈旧而不能参与舰队行动。如海军部决定的那样，要想组织一支有效的海军舰队，

至少需要 4 艘战列巡洋舰、4 艘轻巡洋舰、36 艘驱逐舰和 12 艘潜艇。格里戈罗维奇要求沙皇允许恢复"十年计划"，3 月 19 日此要求得到了沙皇的肯定答复。

《海军法》草案中波罗的海舰队的组成

文件中描绘的波罗的海舰队由 2 个中队组成，2 个中队为常役部队，1 个中队为预备役部队（预备役战列舰是封存的，战时才恢复现役）。2 个常役部队必须配备最先进的现代化战舰，预备役中队则由先前建造的旧战舰组成。每个中队应该包括 8 艘战列舰和 4 艘战列巡洋舰，辅以一定数目的轻巡洋舰、驱逐舰和潜艇。

	战列舰	战列巡洋舰	轻巡洋舰	驱逐舰	潜艇
常役中队					
第一中队	8	4	8	36	12
第二中队	8	4	8	36	12
预备中队					
第三中队	8	4	8	36	12
总计	24	12	24	108	36

这样配置舰队的原因如下：

"从战术上讲，舰队的组成结构必须要保证本舰队的重型火力可以有效攻击敌方舰队，同时又能够避免遭到敌方主力的攻击。

"对战列舰队来说，要想战胜比自己更强大的敌人，先决条件并不是绝对的数量优势，而是有效和准确的指挥。故，战舰数目必须控制在舰队司令能够进行'有效指挥'的范围内，超出这个范围，则容易尾大不掉，造成舰队运作和调动上的麻烦……"

顺便提一句，第三中队通常概念中由较旧的舰艇构成。也可以这么理解，即：海军以一个单位时间（4 年至 8 年）和一个单位数量（4 艘或 8 艘）为基础建造舰艇，舰艇以一个单位年限为服役时间段，海军会在几个单位时间之后具备《海军法》所规定的战舰数量，最早建造的战列舰中队此时已到达其服役年限末尾，将编入具有辅助和支援性质的第三中队。主力第一中队、第二中队将全部由最新式的主力舰构成，这是俄罗斯帝国海上作战力量的核心。

在此期间 NGS 继续制订新的建造计划，到了 1911 年 4 月 4 日，海军部长将修订之后的"大计划"呈递给了沙皇。4 月 22 日，沙皇收到了一份题为《1911—1915 年波罗的海战舰建造补充计划》的报告，附有《帝俄海军法》（The Imperial Russian Navy Law，简称《海军法》，即 Naval Law）草案和相应的解释性文件。经过一番仔细的阅读，沙皇在报告上签下了"同意"二字，后来将其还给了海军部长。沙皇还补充说"你们工作完成得很好，立场非常坚定。值得大加赞扬。"口吻几乎和后来负责枪毙他的那些"政委"们如出一辙……

《海军法》草案的解释性文件对建造强大战列舰队的必要性进行了论证：

"海军的发展是和平所必需的，若我们不发展海军，当邻国发展海军力量时，容易引起怀疑并爆发直接冲突。此外当其他列强之间爆发冲突时，强大的海军可以确保我国中立，维护国家的尊严和荣誉。

"过去的经验表明，没有其他军事力量可以取代海军的地位。实际上所有世界强国都意识到了这一点，尽管他们有着不同的地理和国际地位，寻求的国家利益也各不相同。基于此，所谓强大的海军舰队必须具备执行远洋作战任务的能力，可以在开阔海域找到敌人并主动出击将其歼灭。只有这样才能维护国家安全，保障国家的政治利益和领土完整。

"若没有战列舰队的支持，其他的防御措施都不能有效发挥作用，因为敌人不费吹灰之力即可绕过。"

换句话说，俄罗斯的海军建设计划虽然庞大，但是其建立于 1905 年后的空白之中，并分散在波罗的海和黑海。其直接目的是用来填补因对日战争的失败而形成的防御空白，以及黑海上面临的潜在威胁。

NGS 起草的这个《海军法》，旨在以德国为模板建设俄国海军，尽管两个国家的地理环境差别巨大。其效果就是对海军的未来建设集思广益，理清明确的发展方向并促使立法机构采取行动。这份草案的最大意义在于提出了未来拱卫俄国在欧洲利益所需战舰的数目和类型，同时明确了建造时间，将旧战舰的改造提上了日程。至于远东，由于旅顺基地的丧失，海军已经不具备在当地建造主力舰的可能，甚至一度拥有的使主力舰入坞维修的能力业已丧失，除非海军愿意斥巨资在海参崴重复曾在旅顺进行的工作。但是，在现在这种条件下，只是妄想。

总的来说，1904 到 1905 年日俄战争中俄国海军的惨重失败，促使俄国对次级作战单位的战术地位进行了深入思考。从《海军法》草案中可以看出，俄国海军当局在制定总体建造计划时，从行动和战术方面进行了仔细的计算。一个作战单位中的战列舰数目，要保证其炮火能够有效集中到 1 艘目标船上，比如敌方旗舰。为了辨认炮弹是否落到目标附近，一次齐射的炮弹数目不能超过 9 枚，因此一个战列舰分队应该由 3 艘战列舰组成。此外，战舰的数目还受到其他因素的影响，比如支援轻型战舰，暂时退出战场进行维修，或战斗损失等情况。为了补偿这些意外，作战单位的战列舰数目被定为 4 艘。

为待造战列舰配备最强大的火力主要有两方面的原因：

首先，在对抗敌方弱舰时，具有绝对优势；

其次，在火力集中度相同的情况下，战线会更加稳固，利于有效的指挥。

除此之外，海军当局（伊格纳季耶夫，N.I.Ignatiev 和克德罗夫，M.A.Kedrov）强烈要求每艘战舰都能做到全部炮塔向侧舷齐射，并且每分钟至少能齐射 3 次[①]。这种射速当然是不可能做到的，即便再过 30 年也没戏。所以，在齐射速度的标准放宽之后，为了达到海军当局对战列舰舰载火力的要求，每艘战列舰至少要装备 12 门当时最重的火炮。最后，这个有关舰队配置、数量、基本战术的问题，居然演变成了如何在 1 艘战舰上合理布置 12 门大口径主炮的技术问题……

综合考虑了以上这些因素之后，俄国的海军专家们在《海军法》中确定了新战舰的特征，作战单位（division，一般指战列舰与战列巡洋舰）和次级作战单位（sub-division，包含辅助舰艇，例如轻巡洋舰、驱逐舰等，在此还包含构成舰队所需的辅助船舶，比如扫雷舰、补给舰等）的组成结构，并由此制定了整个造船计划。

《海军法》草案还从战术需求角度对造船时间表进行了分析，他们认为一个次级作战单位的战舰要同时建造，并将其定为基本原则。之所以这样做，

---

① 主炮仰角必须保持在装填角度上，还要预先在炮膛内填弹，就像第二次世界大战中德国海军测试"俾斯麦"号战列舰一样——这分明是一种作弊行为。

一方面是预计未来海上战斗所需，另一方面是基于近 20 年来海军助理经验兼更新换代速度太快的考虑：

"'次级作战单位'和'作战单位'是不可分割的整体，在战斗中他们要协同作战，在和平时期则要一起训练。只完成某个单位中的个别战舰是无法有效提高舰队整体作战能力的，因为我们不能指望它们在独立执行作战任务时，不被敌方更强大的战舰或者舰队毁灭。

"试图建造少量新锐舰只来增强海军力量的想法极不可取。作为最新式的战舰，无畏舰的主炮有效射程比前无畏舰要远得多，蒸汽轮机的运用也使这些船在航速和航行能力上远远超过老式战舰。倘若强行把这些新舰加入到现有的作战单位序列中，会因为性能不统一而引起组织协调上的混乱，比如最高航速和巡航速度的不一致，使无畏舰和前无畏舰很难协调编队航行。由于火炮系统、观瞄方式、火控装置上的差异，不同的战舰在协同作战的时候也难以指挥，无法有效分配火力。如果强行要求无畏舰去屈就前无畏舰的性能限制，那耗费巨资建造新式无畏舰就显得毫无意义。

"此外，即便是在和平时期（这种混编的舰队）的训练中，由于性能和设计上的迥异，舰队将无法进行编队航行训练和炮火射击训练。

"实际上，这些战舰只有等同一单位的其他战舰建造完成后，才能开始正式的严格训练。现在我们也意识到只有同一级别的战舰才能形成稳固战线。如果 4 艘战舰花 4 年时间开建（每年布下 1 艘战舰的龙骨），而且每艘战舰要花 4 年时间完成建造，那么最后 1 艘战舰要在第 1 艘战舰布下龙骨的 9 年后才能完成建造。同时，最后 1 艘战舰开建时所依据的图纸已经是 4 年前的了，可能早已过时。如果我们分两批（2+2）来建造，情况会略有改观，不过在战斗和其他方面还是有不少的麻烦……"

以退为进

制定战列舰建造时间表需要综合考虑其他战舰的建造需求，以及船台和造船物资的供给能力。以当时的普遍情况而言，1 艘战列舰的建造通常需要花费 4 年的时间，2 年在船台上造船体，2 年装备船上各类设施。因此就俄国《海军法》中定义的海军更替模式和建设方针来说，实施这个计划意味着需要建造 4 个大型船台，每隔 2 年就可以布下 4 艘新战舰的龙骨。等到最初的 2 年结束之后，同时在建的战舰数目就达到了 8 艘，即 4 艘正在建造船体，另外 4 艘在舾装设备。整支舰队的建造时间估计为 22 年。

《海军法》草案清晰地描绘出了设想中许多年后俄国海军的壮美画卷，包括舰队结构和建造时间表。尽管这个野心勃勃的计划得到了沙皇的支持，享有很高的优先级，并有雄厚的工业基础作后盾，但是若将其提交给立法机构，它面临的唯一结果仍是失败。因为完成战列舰队和配套设施建造所需要的 22 亿卢布，差不多就是当时整个俄国全年财政预算的总和。

即便对海军重建和现代化是否必要的问题可以举出无数理由，然而不考虑国家现状和实际财政能力的话也只能算作扯淡。为了让海军重建计划得以展开，海军部唯有做出某种意义上的"折中"。最后的办法就是把这个 22 年建造计划的头 5 年拿出来，改头换面之后冠以"1911—1915 年战舰扩充规划"（Program of Reinforced Shipbuilding for 1911–1915），再送交给杜马讨论。这个计划的目的是，到 1915 年建造完成一个能够胜任战斗任务的战舰中队。其计划核心为重建 4 艘前无畏级战列舰，使之达到近代化标准，建造 4 艘塞瓦斯托波尔级战舰和 4 艘新式战列巡洋舰，这个计划的总耗资预计为 5.126 亿（折合当时币值为 2.56 亿美元）。沙皇督促海军部争取在 1911 年通过这个法案，

■ 4 艘塞瓦斯托波尔级战列舰源自一战前俄国海军最后的现代化扩建，是为波罗的海舰队建造的。这张照片拍摄于 1915 年的 7 月 25 日，显示了该级舰中的 2 艘，右边的那艘是"甘古特"号

格里戈罗维奇不敢怠慢，全力以赴进行各项必要的计算，争取在 1911 年夏天之前将法案提交给国家杜马讨论。

由于计算战列巡洋舰及其造船厂的建造费用时耽误了一些时间，因此直到 1911 年 11 月 19 日，整个项目的计算工作才告完成，并递交给了沙皇和部长会议。

计划在部长会议上遭到了较大的阻力。关于海军重建计划的规模在俄国政府内早有传闻，目前俄国社会正处于变革时期，虽然政治风波不断，但经济在迅速地发展。国内各界各种基础设施均需投入大笔资金建设，所以作为吞金巨兽的海军造舰计划当然不讨任何一方的喜欢。海军方面刚把计划案拿出便遭各方强烈反对，会议各方对海军开口就要 5 亿多卢布表示极为不满，财政部长表态说即便可以提供 5 亿卢布预算作为海军第一期建设所需，后续的庞大经费需求也极不现实，难以保障。农业部和工业部的官员也纷纷要求海军为帝国的发展有所考虑，不要为了扩充舰队规模而盲目浪费有限的财政资源。

面对各方的质疑，格里戈罗维奇解释说，海军部现在的主要工作并不是"十年造舰计划"，当务之急是尽快整顿和重组海军组织，及时建造起现代化的战列舰队，以确保俄国海上力量存在于波罗的海乃至整个欧洲。目前要求批准的这个小规模造舰计划，只需要建造 4 艘最新式的无畏型战列舰，所给出的经费预算也是基于此基础之上，而不是一个庞大计划的第一部分。格里戈罗维奇特别强调，由于国内的现状，海军短期内不会再考虑启动《海军法》的有关内容。同时他也说明，目前的 4 年造舰计划所给出的扩建规模和所需战舰，是对俄国在波罗的海利益和这一区域内国家安全的最低保障，如果无法确保这一数目，则会威胁到俄国的国家安全。众所周知，最近 10 年内德国公海舰队一直在竭力扩张，鉴于德俄关系每况愈下的事实，如果不对波罗的海舰队进行最起码的补充，一旦欧洲爆发战争，后果可想而知。

如此这般解释和保证，加上危机四伏的现实，终于使激烈反对的各方逐渐松口。但是这番折腾之后，时间已经到了 1912 年 2 月底，海军的建设计划比原先期望的耽误了差不多半年时间。

1912 年 3 月初，经过一段时间的文案工作和开会扯皮，海军部长终于将该计划提交给杜马讨论。杜马于 6 月份通过决议，同意此计划实施。1912 年

6 月 23 日，沙皇正式签字同意了"1912—1916 年战舰扩充计划"。

1912 年 6 月对海军部来说是一个重要的胜利，它代表着经过多年筹备、无数次会议与谈判，海军终于有了一个明确的未来发展规划。更重要的是，这是自 1903 年以后海军再度获得扩建所需的资金[①]。海军的收获并不仅仅是一个缩水的"4 年造舰计划"和 5.126 亿卢布的预算，他们规划已久的想法——"每 10 年建造一个完整的战列舰中队"，最后还是得到了各方的首肯。政府很明显没有限制海军部只能建造一个战列舰中队或是部分战舰，而是允许其在接下来的 5 年内，建造完一个中队的 4 艘战列舰和 5 艘轻型巡洋舰，正如《海军法》所展望的那样。俄国海军在政府内的成功，得益于当时的欧洲局势，近几年来德国公海舰队的疾速扩张和英德之间日趋紧张的关系，使俄国必须在欧洲两个阵营中做出选择。鉴于尼古拉二世和威廉二世时期，俄德关系已非亚历山大二世与威廉一世时期那种重要的盟友性质，甚至在巴尔干、远东等一系列问题上颇有冲突，因此同德国之间的战争并非遥不可及。

尼古拉二世在签字同意"战舰扩充计划"时，曾向格里戈罗维奇发回执说："1912 年 6 月 23 日是一个给予俄国伟大希望的日子。"同时，沙皇宣称："必须要让海军恢复力量和权威，以维护俄国的尊严和荣誉。"他指出海军部在提高海军战斗力问题上坚韧不拔、上下求索的精神值得嘉奖。他进一步写道："抛开这些措施本身的重要性不说，它们至少见证了我们在维护国家安全和本国国际地位的过程中付出的艰辛努力。此任务的顺利完成，配合正确的领土防御系统，定能创立一支无论从数量上还是质量上来说都符合祖国需求的海军。"

俄国海军舰队的重建开始于 4 艘战列巡洋舰，在对船厂设施进行了必要的现代化改造之后，4 艘规划中的战列巡洋舰分别为"博罗季诺"号、"伊兹梅尔"号（Izmail）、"纳瓦林"号（Navarin）和"金本"号（Kinburn），4 艘斯维特兰娜级（Svetlana Class）轻型巡洋舰，以及 36 艘改进过的诺维科级驱

---

① 海军的这种胜利当然与尼古拉二世，以及其权臣集团数年来不停地运动有关——通过不断的修改宪法、利用反对派缺席强行通过决议等手段，尼古拉二世在近 10 年的时间里已经逐渐控制了杜马，将大量愿意乖乖服从沙皇命令的人安插了进去，从而使俄国杜马成了沙皇个人的"橡皮图章"。

■ 备受瞩目的伊兹梅尔级战列巡洋舰在大战中下水，不过没有完工。这个1：125的模型（约1.8米长）是一位俄国海军爱好者制作的，照片拍摄于1995年7月12日

■ 在一战中，俄国海军最主要的进步之一就是建立了强大的驱逐舰队，所谓的诺维克级（Novik Class，或者说是系列）是其中的佼佼者。照片中是这一系列里的某艘驱逐舰，拍摄时间在一战之后

逐舰，在圣彼得堡和勒维尔（Reval）的船厂内布下了龙骨。

俄国海军的战舰扩充计划一旦开始，在《海军法》的基本方向（逐渐提高俄海军实力）没有较大改变的情况下，俄国的战略家也找到了他们的用武之地。

1912年年底，海军部的战略问题专家针对俄国海军力量的回升修改了各自的计划，以适应那瞬息万变的国际政治形势。当然，这些战略家中不乏头脑发热之辈，甚至有人制定出了使用俄国无畏舰从北方海域向南，以及通过北极航线向东发展的战略，此构想可谓是四面出击，结局也必定会是粉身碎骨的……①

■ 某种意义上讲，通过北极航线向东发展的设想直到苏联时代才实现。1932年，苏联首次完成了从阿尔汉格尔斯克到白令海峡的无越冬航行。图为这次航行的领队破冰船"西比里亚科夫"号

---

① 这些"头脑发热之辈"酷似一个世纪后中国所谓的"航母派"，包括几乎所有在互联网上嗓门最响的"爱国者"。当然，两者也有些区别。至少，俄国那些战略家没有自作聪明地要求国家主动创造他们的"条件"，进而跟随他们的"战略"。换句话说，俄国学者的海上构想是基于海军的现实和即将配备无畏舰队这一前提，而中国的那些专家、资深人士，以及业余"战略家"（在专业机构内司职网管或者杂货铺销售，便借着工作单位的头衔自称"专业"），对海军的发展指手画脚。众多缺乏基本常识的无知之辈，甚至扬言现应用"外汇储备"去建这建那。某些极端的口头爱国者，其逻辑已经接近发动"5·15"事变和"2·26"事变的日本极端分子——帝国主义者亡我之心不死，就算安分守己，拳头大的人早晚还是要把边境推到世界上的任何角落，仍旧要"灭亡"你。仿佛他们不是生活在21世纪，而是活在石器时代之前，好似一群尚没进化出基本社会观念的猿猴……

对南方的战略构想

到了 1913 年的秋天，俄国未来战列舰的设计工作正在进行之中，海军部和外交部开始制定关于博斯普鲁斯海峡（Bosporus），以及达达尼尔海峡的战略方针。

在叶卡捷琳娜二世时期（Catherine the Great，1729—1796 年），俄国统治者就曾经计划打通这两个海峡，获得可以让俄国势力进入地中海的通道，并在之后很多年内不断为此努力。但是，19 世纪爆发的克里木战争将这个向南伸展的打算归于无形。此后，俄国和英法就博斯普鲁斯海峡、达达尼尔海峡的通行权，以及俄国在黑海的海军力量等一系列问题签署条款，最终将黑海舰队和俄国在黑海上的力量，控制在了仅能保护俄国南翼岸防的程度内。然而，情况在 20 世纪到来之后又发生了转变，由于俄国南方工业品和农产品的产量大增，因此俄国十分不希望这条通道被其他国家控制住。土耳其的日渐衰弱使局势变得更加复杂，西欧强国很有可能控制土耳其，而他们的利益又有可能同俄国利益相冲突。现有的政治局势迫使俄国做出最坏的打算，包括如何保护本国商船通过两个海峡。万一需要占领这两个海峡，那么这个任务只能交给战列舰队。

■ 一战爆发前的几年中，土耳其积极地建设现代化海军舰队，对俄国黑海舰队构成了巨大的威胁。照片中是较为老式的黑海舰队战列舰"三圣徒"号，此时该舰刚刚完成1911—1912年的现代化改装，正停泊在塞瓦斯托波尔的锚地

■ 日俄战争后，尽管关于海军重建可能性的研究已经完成，可是俄国海军的建设还是立即陷入了衰退。与此同时，少数已经在建的主力舰也放缓了施工进度。例如照片中的波罗的海舰队战列舰"安德烈·佩沃兹万尼"号，直到1911年才完工，从铺设龙骨算起已经过了6年

　　要夺取上述两个目标，NGS 认为需要将波罗的海舰队和黑海舰队联合起来。在必要的时候，南下至地中海的波罗的海舰队，可以从爱琴海方向攻击达达尼尔海峡，配合黑海舰队从黑海内发起攻势。当然，如果战略计划像这样运作的话，俄国就需要在地中海设一处海军基地。1913 年 6 月，俄国同法国签订协议，俄国可以使用比塞大港口（Bizerta，属突尼斯）作为军事基地。

　　当然，对俄国海军而言，在地中海调集强大的海军力量还有其他原因。除了攻取达达尼尔海峡之外，俄国舰队的出现还能在俄英关系中为俄国增加政治砝码，并强化"协约国"这一概念[①]，同时可以有效地保护整个南翼，给航行于地中海的俄国商船提供有力的安全保障，使它们免遭奥匈帝国、意大利（当时还是同盟国之一）[②]等同盟国海上力量的威胁。俄国海军认为，布置在此的

---

　　① 在之前，所谓的"协约国"仅是一个共识。不但英法之间签订了这样的协议，法俄之间也有类似协议。三个国家的这种关系史称"三国协约"（Triple Entente）。
　　② 意大利对奥匈帝国掌握的巴尔干地区一直垂涎三尺，最后在 1915 年退出了同盟国，投靠了协约国一方。

战列舰中队的战舰数目将由这个舞台上的潜在敌国来决定，即奥匈帝国和意大利，他们同德国形成了"同盟国"以对抗欧洲舞台上的协约国。

当然，NGS 认为同时对抗奥匈帝国和意大利是不太现实的，这两个国家几乎不可能组成联合舰队，因为他们之间存在着严重的分歧。另外，两国从来没有展开过协同作战的事实更加深了这个想法。假如在将来这两个国家真的进行了联合军事行动，经验不足和互存戒心也会成为致命的问题。尽管奥匈帝国和意大利"尿不到一个壶里"，地中海的海上力量发展却不太乐观，NGS 估计到 1920 年奥匈帝国将拥有 12 艘无畏舰，意大利则拥有 16 艘。结果，即便是从配合英国地中海舰队和法国土伦港驻留舰队的角度来考虑，未来俄国驻比塞大的地中海海军中队的规模也至少需要 8 艘战列舰和 4 艘战列巡洋舰，这不是一个令人感到轻松的数字。但从另一个角度来看，海军做出这番预计似乎也没什么问题，因为俄国当前的主要兴趣就是在地中海方向。在 1914 年早些时候，俄国决定在地中海设立一个专门的属于俄国自己的海军基地，选址可能在珀索斯（Posos）或莱姆诺斯（Lemnos），将在那里配备维修船坞、停泊位、防守雷区和岸防炮组。也就是说俄国打算将俄舰队主力集中在东地中海区域，甚至不惜以放弃波罗的海为代价，将海军力量的主力移驻于此。

1913 年 12 月 22 日，海军部长和 NGS 主任联名上书沙皇尼古拉二世。他们请求沙皇同意俄海军的未来发展计划，其宗旨为"获得海上和君士坦丁堡海峡（即博斯普鲁斯和达达尼尔海峡），以及其附属海域的海军霸权"。他们提议到 1919 年，在地中海驻扎一支包含 12 艘无畏舰（4 艘塞瓦斯托波尔级战舰、4 艘伊兹梅尔级战舰和 4 艘新战列舰）的波罗的海舰队，而且这些战舰的建造工作必须立即开始，同时为其建造一些辅助战舰。在黑海则需要布置一支包含 8 艘无畏级战列舰的海军中队，辅之以相当数目的巡洋舰和驱逐舰。尼古拉二世同意了这个计划，为了适应黑海和南线有几分紧迫的局势，甚至一度考虑让波罗的海的船厂建造属于黑海舰队的战列舰。

到了 1914 年年初，黑海局势变得更加复杂，1911 年的决定（布下 3 艘无畏舰及配套轻型战舰，巡洋舰和驱逐舰等的龙骨）已经明显不适用了，因为土耳其正在扩充舰队。用外交部部长萨索诺夫（S.D.Sazonov）的话来说就是"土耳其海军有可能会扩充舰队，这令海军部非常担心，尤其是我们得知土耳其已经向英国公司下了几个大的订单，并试图从某南美国家获得大型海军舰艇。"

已知的在 1911 年秋天，向英国订购的 2 艘无畏舰（"雷萨德·哈米斯"号和"雷萨德五世"号）在布下龙骨后不久，土耳其便卷入了两场军事纷争中，即 1911—1912 年的意大利 – 土耳其战争，以及 1912—1913 年的第一次巴尔干战争。这两场战争令土耳其的经济雪上加霜，财政危机使"雷萨德·哈米斯"号的建造工作被迫中止，订单也被取消了。"雷萨德五世"号的建造工作在赊账状态下勉强进行着，后来此舰改名为"雷萨迪"号（Reshadieh）。1913 年也正因为俄罗斯日益严峻的威胁，土耳其政府不顾本国可怕的财政窘境，愿意给出比 3 个南美国家——阿根廷、巴西和智利更高的价格，购买当时正在美国和英国建造的 5 艘外贸型无畏舰之一。同时他们也向德国伸出了橄榄枝，意欲购买战列巡洋舰"戈本"号（SMS Goeben）。1913 年 11 月，土耳其宣布将会购买无畏舰"里约热内卢"号（Rio de Janeiro），这艘船本来是英国泰恩河（River Tyne）畔的阿姆斯特朗船厂（Armstrongs）为巴西所建造。1914 年年初，土耳其把被废黜苏丹阿布杜勒·哈米德（Abdul·Hamid）的珠宝和君士坦丁堡（现伊斯坦布尔）的一些地产作为抵押，又向英国订购了 1 艘雷萨迪级无畏舰，并将其命名为"法提克哈"号（Fatikh）。

奥斯曼土耳其的这些备战行动在俄国引起了不小的骚动，更糟的是由于土耳其方面已经觉察到危机迫在眉睫，原本考虑在波罗的海新造的黑海舰队战舰便无法借道进入黑海了。

1914 年 2 月 8 日，外交部部长萨索诺夫召集总参谋部、外交部和海军部的专家们开了一次会。会议目的就是讨论一旦外界条件迫使俄国立即采取行动，占领君士坦丁堡和博斯普鲁斯海峡，俄国政府应当怎样应对。讨论的焦点落在了如何扩大舰队建造计划，并且加快其落实速度这个问题上。会议决定立即在原计划黑海舰队 3 艘无畏舰的基础上追加第 4 艘，采取一切措施在南部尽快开始建造第二个舰队，此舰队要由最先进和最强大的战舰组成。1914 年 3 月，海军部在沙皇、国家议会和部长会议的支持下向杜马提交议案，要求为黑海舰队紧急建造如下战舰：1 艘战列舰、2 艘轻巡洋舰、8 艘驱逐舰和 6 艘潜艇。此计划将耗资 1.1 亿卢布，杜马于 6 月 24 日审议通过了议案，沙皇随后签字同意。

超无畏舰雷萨迪级

雷萨迪级是维克斯·阿姆斯特朗公司在巴罗船厂兴建的诸多战舰中的一艘，作为当时皇家海军新锐的乔治五世级战列舰的放大改进型。由皇家海军部造船局（Director of Naval Construction，简称 DNC）局长、著名的菲利普·瓦兹爵士主持设计。

计划中，雷萨迪级将安装皇家海军新一代战列舰配备的 13.5 英寸主炮，而动力装置会在乔治五世级的基础上进行适当修改，以保障吨位略大的雷萨迪级仍能维持21 节速率不变。就性能而言，雷萨迪级相较英国以前出口的那些二流货，各方面都可以说是空前的。

对于这款选择，土耳其海军可谓心花怒放，立即签下了订单。这一次英国方面也是一反常态，非但没有像出售给其他国家那样把战列舰的装甲减薄，反而许诺给足和皇家海军现役主力战列舰一样厚的 12 英寸水线装甲带。与此同时，在智利开工的战列舰"拉托尔海军上将"号只有 9 英寸厚的装甲带，塞了 7 个炮塔的"一星期舰"也只有 9 英寸侧装甲带。实在不知是想借此卖好给土耳其，以便同德国争夺对其的控制，还是打心眼里就没准备向土耳其方面交货。

后来的事实似乎也证明了这种猜测。第一次世界大战刚打响，英国海军大臣温斯顿·丘吉尔即下令全面接收土耳其订购的，并已付清款项的"雷萨迪"号和"苏丹奥斯曼一世"号（原"里约热内卢"号），转入皇家海军服役。这一变故在很大程度上促成了后来奥斯曼帝国加入协约国阵营的结果。

以下是关于该舰的一些数据：

船体尺寸：170.4 米（长）、27.7 米（宽）、8.5 米（最大吃水）。

标准排水：22780 吨。

满载排水：25168 吨。

动力装置：15 台燃煤锅炉、4 部蒸汽轮机、4 轴推进、26500 马力、航速 21 节、巡航速度 10 节、巡航速度下续航力为 5000 海里。

防护系统：装甲材质为克虏伯表面硬化钢、水线 5 ~ 12 英寸、甲板装甲为 3 英寸、炮塔正面 11 英寸、炮座 10 英寸、指挥塔 11 英寸。

武器系统：5 座

■ 皇家海军战列舰"爱尔兰"号，照片摄于第一次世界大战结束以后，该舰已配备水上飞机并安装了起飞滑轨

13.5 英寸 45 倍径 Mark VI 型双联炮塔，投射弹药能力为每分钟 12.48 吨；副炮为 12
门 6 英寸 50 倍径 MK XVI 型（这是后来的英国战列舰铁公爵级和伊丽莎白女王级的
副炮，比同时期的乔治五世级要大）、2 门 3 英寸 45 倍径高炮和 6 门 2.25 英寸（57
毫米）高炮；鱼雷装备为 21 英寸 MKII 型鱼雷，发射管 4 具。

杜马能在如此短的时间内通过此议案实在是令人称奇，这些军舰的建造
费用均挪用于原本批给文教和卫生机构的经费。也许代表俄国工商界的杜马
也意识到海军建设事关重大国家利益，而将国内问题和人民生活放在了次一
等的位置。这也成为布尔什维克党一直用以攻击帝俄的口实，虽然他们后来
也继续这么干。实际上黑海舰队的第 4 艘无畏舰"尼古拉一世"号（Imperator
Nikolai I）的建造工作，在杜马通过决议前一个星期就已经开始。

焦点回到波罗的海

海军部给出的下一个造舰计划是在 1914 年 7 月，为波罗的海舰队新造 4
艘总价值 5 亿卢布的战列舰，是这个计划的宗旨。同时该计划还提出要为黑
海舰队建造 2 艘战列舰、2 艘巡洋舰和 8 艘驱逐舰。当然，从某种程度上来看，
为黑海舰队增加战列舰的打算可能属于同杜马"漫天要价"的部分，如果俄
国杜马"着地还钱"的话，海军还大可"退而求其次"以保全波罗的海的部分
得到通过。

于是，在海军部长和财政部通气之后，他们打算在 1914 年 10 月，即暑假
一结束就将议案提交给杜马。当然，这一次不仅是要求拨款建设海军，海军
部同时准备了两个计划：第一，奥布霍夫军工厂（Obukhov，为新战列舰建造
大型海军舰炮）的扩建工程，预计将耗资 660 万卢布；第二，波罗的海造船厂
的扩大和重建工程（为了更快地建造战舰），预计将耗资 930 万卢布。海军
部已经预见了此议案的财政需求会遭到部分立法者的反对，如果杜马通过了
这个议案，那么 1912 到 1914 年之间的海军造船费用将会超过 10 亿卢布。当
然对于提案的"着地还钱"部分，海军方面也觉得杜马不太可能在波罗的海

舰队大规模扩建的基础上，再批准增强黑海舰队的决议和款项。不过基于土耳其方面新购战舰的情报考虑，在当前处境下加强南线海岸的防御和攻击力量还是很有必要的，海军部长甚至认为这是在未来可能发生的欧洲大战中关系胜败的一步。于是海军部决定仿照第一个波罗的海无畏舰建造计划，即先斩后奏，立马开始两艘战列舰及其配套战舰的建造工作，反正沙皇尼古拉二世一定会为他们撑腰。用海军的话来说，此决定是"非常局势下的非常举动，上承接沙皇陛下圣谕的英明指引，外迫于奥匈帝国军备扩张的明显加速，以及订购了 3 艘战列舰的土耳其又要购买 2 艘战列舰的事实。"当然，这件事情的结果毫无悬念。海军的自说自话在杜马中引发了一场不小的风波，但是在沙皇的干预和奥斯曼舰队可能大幅度增强的情况之下，杜马的议员最后选择了妥协。

1914 年仲夏，战舰的设计工作正进展得如火如荼，不光是战舰本身，战舰上军火系统和装甲系统的设计版本也是层出不穷。6 月 10 日，即暑假到来的前一天，在海军部的急切要求下，杜马通过决议为建造计划增拨 50 万卢布经费，用于新战列舰的全方位基本测试和装甲防护能力测试。海军部则积极计划于秋天开始建造 4 艘战列舰，他们估计杜马会于 10 月份通过这个计划。结合试验研究结果，海军部预测到那个时候将能完成设计工作。

大战前的俄罗斯

当然，我们不应该忘记的一点是，海军扩建计划的落实需要强大的财政资源作后盾。

引用德国海军之父提尔比茨海军元帅（Grand Admiral A.von Tirpitz）的话说就是"……海军的建造并不仅仅是按部就班，首先需要解决的问题是钱"。这句话清晰的指出了创立海军舰队最不可或缺的条件，战列舰的建造更是如此。此战争机器需要用到二十世纪最新的科技成就，费用极其高昂。另外战列舰还需要强大的后勤系统作后盾，海军基地、船坞和辅助军舰的建造也是海军军费陡然猛增的重要原因。只有拥有强大工业基础的富裕国家才能支持一流海军的建设，俄国在 20 世纪初正处于这样一种状态，想做这些事情也属正常之举。

在世纪之交，俄国经济发展的速度正逐渐加快。到 1914 年，俄国工业总产值位居世界第四位，在某些关键领域，比如钢铁、煤炭、冶金和工程方面，正在赶超最强大的几个西方国家。俄国所拥有的丰富自然资源和人力资源，为经济的发展提供了有力的保障。在日俄战争之后的 1906—1908 年，尽管世界经济正滑入低谷，俄国的工业生产能力却在不断地增长，3 年间总计增长了 44.9%。在后来的 5 年间，也就是 1909—1914 年，其增长率更是达到了惊人的 174%。1913 年，其证券市价增值率稳定在每年 7.2% 的水平（相比之下，美国只有 6.2%）。此外，俄国在工业集中度方面要好于德国和美国。国防和铁路建设的大订单一个接一个，重工业因此得到了极大的发展，同时也为科技的发展提供了广阔的机会。国际上，俄国同贸易伙伴之间的往来日渐频繁，并且一直处于贸易顺差状态。

在准备扩建海军的那几年里，俄国拥有充盈的财政系统。尽管负担了较多的内债和外债（这些都无关紧要，在有限的财政条件下可以充分利用外资和发行公债来推行国内建设，大多数强大的工业国家都曾这样做），但是俄国从 19 世纪 90 年代以来一直保持着财政预算无赤字的状态。自足的预算是经济健康发展的基石，再加上卢布币值稳定，俄国完全能够应对计划中和计划外的财政支出。除非在极端情况下，否则几乎不需要借贷。在 1914 年一战前夕，俄国拥有丰富的黄金储备，国家银行储存有 5 亿金卢布，国外存有 6.663 亿金卢布。在这一方面，俄国位于英国之前，稳居世界第三。

俄国经济发展的前景非常诱人。在 1914 年 7 月召开的第八届工贸代表会议上，代表们向部长会议主席库克夫斯蒂夫提交了一份报告，其中指出"代表们对工业界和贸易界的现状进行深入交流之后，认为在目前的市场状态下，任何的突发事件都不足以引发经济倒退。"国家预算的稳定增长（在 1909—1913 年期间增长率为 28%，远远超过英国和德国的 14%）标志着俄国蓬勃发展的经济正在赶超当时的世界强国。考虑到俄国的工业增长率，就算采用 1914 年以后比较保守的数字，俄国也会在 1925 年之前成为世界顶级经济强国之一。

俄国经济高速度的发展，也保证了俄国可以建设一流的海上力量。在 1895—1905 年，海军军费在财政预算中的比例从 4% 提高到 6%，这与同时代其他海军强国相比不相上下。不过在 1904—1905 年日俄战争失败之后，海军获得的预算比例略有削减，以至于 1908 年全年没有新开建的战舰，这在近 20 年里还是第一次。但是在经历了不到 3 年的财政增长后，至 1910 年，军费占预算比重降到了 3.5%，也就是 1880 年的水平。随着俄国经济的复苏和随之而来的疾速增长，俄国海军部正快马加鞭准备重建俄国海军，在不久之后其努力就见到了成效。1911 年对于俄国海军而言极其重要，因为那一年杜马通过决议同意"为波罗的海 4 艘无畏舰的建造划拨军费"（1.196 亿卢布），并同意"为黑海舰队的扩建划拨军费"（1.22 亿卢布，其中的 8900 万用于建造 3 艘无畏舰），海军军费猛增。至 1911 年，不考虑通货膨胀造成的货币贬值，海军军费数目再次达到了 1906 年的水平。

经济的发展也保证了海军经费中相对项目和绝对项目的增长。作为《帝俄海军法》的一部分，1912 年 6 月通过的"舰队扩充计划"（5.27 亿卢布，其中 1.244 亿用于 4 艘战列巡洋舰的建造）为海军经费添砖加瓦。1914 年 6 月针对欧洲形势和土耳其舰队即将得到显著增强的现状，杜马通过了"黑海舰队紧急扩充计划"（Program to urgently strengthen the Black Sea Fleet，1.56 亿卢布，其中 4240 万用于追加建造 1 艘战列舰）。

当然，不只是经费问题，要想创建强大的海军，各种重要物资的持续供给就不能发生中断。NGS 已经仔细计算了《海军法》项目的总耗资，并于 1911 年将其连同草案一起呈递给了沙皇。根据这些计算，3 个波罗的海海军中队的总耗资将达到 21.925 亿卢布，其中的 14.4 亿卢布用于建造战列舰。黑海舰队的 2 个中队还需要额外支出，其中包括 4 艘玛丽亚女皇级战舰和其他 12 艘战列舰。预计到 1930 年的时候，俄国舰队总共会有 5 个现役中队，根据 1911 年的估计，其总费用将达到 36.5 亿卢布。

海军建设的费用可能给出细账，并且有明确的比重和统计报表。决定建设一支海军的开销并不局限于建造军舰的费用，舰队的运营同样是开销巨大的花费。其中包括：新旧基地的建设和改造费用、战争物资的供给、战舰的维修养护和升级花费、海员和岸防士兵的薪饷、海军行政费用，还有设计和试验工作的费用。这些费用随着海军规模的扩大在逐年增长。对于刚走过 20 世纪第一个十年的俄罗斯，财政上的压力已经没有那么至关重要，但是国内涌

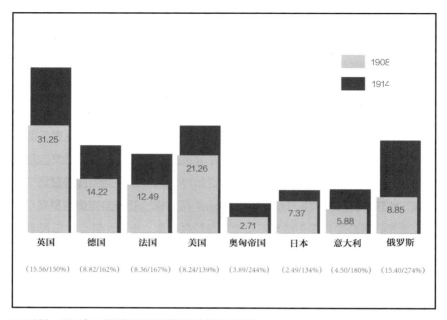

■ 1908—1914年，世界海军强国预算比例（单位为百万）

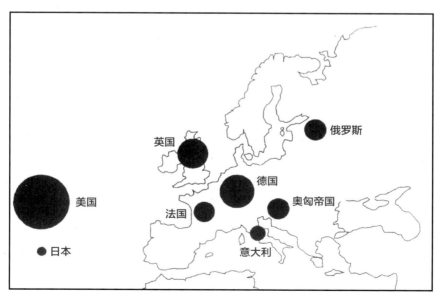

■ 1913年，俄国和世界其他强国国力对比图

动的暗流会导致俄罗斯改天换地，沙皇在对日战争中丧失的威信将是无法弥补的……

到 1914 年，第三代无畏舰建造项目刚刚开始时，俄国海军的复兴可以称得上万事俱备。俄国的政治目的基于海军建造计划，改革之后的海军部成员都训练充分，具有丰富的指挥经验，并通过不断的战术训练掌握了比较强的战术素养。这些人对海军的发展有着详细的计划，且胸有成竹，而政府的拨款也在逐年增多。随着国家的崛起，海军建设项目得到了经济和财政资源的强力支持，工业的发展又使俄国有能力建造一支强大的海军。1904—1905 年的失败也让俄国吸取了许多教训，形成了先进的造船理念。所有这些条件保证了俄国可以成功建造当时最先进最强大的战舰，即无畏舰。俄国在一战前的努力，表明了要建设一支强大海军以保护其国家利益的决心。

当然，我们也不会忘记尼古拉二世及其权臣集团对杜马的渗透。不论他是为了满足一种出于君主"尊严"的心理需求，或者是真心实意地认为俄国的未来必须朝着他和他的幕僚所期望的方向发展。1914 年，俄罗斯渐渐走向了复苏，这个庞大的国家正逐步走出 1905 年惨败的阴影，迈向真正的世界强国行列。如影随形的，是俄国杜马权力的瓦解。沙皇和他的大小喽啰们通过各种手段越过宪法的制约，重新将手伸入俄国国家机器的方方面面……为他自己掘下坟墓！

→ 无畏舰时代 ←

作为基本的政治常识，任何一个能够主导国家走向的人都应该记住以下内容：武装力量是贯彻国家政治及外交意志的工具，一个正常的国家应该以其外交政策的趋向，来构建符合国家战略的武装力量。尽管历史一再地表示不遵循这一规则，会遭致可悲的下场，但是根植于人性深处的穷兵黩武的欲望，依然在历史上重演着荒唐的闹剧。

对日战争的失败和俄国不稳定的国内环境，迫使沙皇政府重新拟定对外策略。在德俄关系日趋敌对、欧洲大陆两大阵营对峙也越来越明显的时代气氛中，如果说俄罗斯在 19 世纪末的海军扩张是为了配合其在亚洲和欧洲扩张

的野心，那么在 20 世纪第一个十年的末尾，俄国努力重建它的海军却是出于
保障自身安全的愿望。在前面的内容中，笔者着重围绕俄国海军在日俄战争中
取得的海上经验，以及对日战争以后直至 1914 年第一次世界大战爆发期间的
海军规划、战略而展开。

俄国战列舰以其独到的设计和坎坷的命运著称于世。雄心勃勃的《海军法》
寄托了俄国重振海上力量的希望，第一次世界大战前俄国短暂的繁荣使这个
希望几乎要成为现实。然而，第一次世界大战和随之而来的俄国革命却覆灭
了俄罗斯帝国的全部希望，不仅仅是海上的……随后，两种思想和社会理想
的巨大冲突撕裂了这个国家，直至代表着下层革命者意志的布尔什维克经历
了强烈的社会动荡之后，驱逐了代表着旧时代的一切，将俄国重塑成近代史
上那个叱咤风云 70 余年的"红色帝国"……得以幸存的战列舰（4 艘塞瓦斯
托波尔级中的 3 艘）加入到了红海军的序列中，在以后的历史中将会以"红色
战舰"的形象闻名于世……

叙述俄国海军无畏型战列舰的设计、建造、发展、覆灭，以及和俄国无畏舰
命运息息相关的俄国造船厂历史，将是本文的主要内容。本文无意对俄国各类
型无畏舰的演化和相应的船厂建设过程进行详细介绍，因为那是数十万字都不
能尽述的。这将会是一个简介，其目的在于理顺 1905 以后俄国海军战列舰的
发展，以及俄国当局是如何一步步将战列舰计划向 16 英寸主炮战舰方向推进的。

迷茫期

有关"无畏舰"最早设计者的争论可谓众说纷纭，意大利、美国、日本都
有海军历史学家宣称最早的概念出自于本国，是自己的国家对世界海军发展
史做出了卓越（或者说是悲惨）的贡献。然而，这些人都无法回避他们的国家
最后没有把概念转变成设计的结果。更不能抹杀在 1907 年的时候，"无畏"
号于泰晤士河下水的事实。俄罗斯也是上述那些想方设法往自己脸上贴金的
国家之一，这似乎也是出于俄罗斯民族的某种传统爱好。俄国的海军历史学
家一再强调，早在 19 世纪 80 年代初，俄国的设计师便"设计"出了第一种"全
重炮"（All Big Gun）战列舰。当然，结局都是一样的——俄国海军当局认为
以当时的情况来看，这种设计实在太过激进，所以对此表示反对。本着技术

探索为目的①的设计部门可能早就意识到这个设计不可能通过，也自然不会有什么抱怨。只是当事人未必会料到，后辈会利用自己当年的涂鸦，干些往自己脸上贴金的勾当。

在技术还很原始的 19 世纪末，射速缓慢但破坏力巨大的大口径主炮是主力舰的必要配备，衡量单舰乃至舰队战斗力的准则，完全仰赖于单位时间内投射出的弹药总量。由于当时火炮技术比较原始，大型舰炮尚采用架退式驻退机，每次发射后都需要将炮架复位并重新瞄准，耗时甚久。中小口径的速射炮当时已经基本普及，这些采用身管后座式驻退机的速射炮一度构成了舰队火力的核心。

此外，受制于火控能力的瓶颈，海军炮战的交战距离通常在彼此火炮的直瞄射程之内，因此全重炮概念看似诱人，却不实际。为了保证有效的命中率，彼此必须接近到 3000 码以内，然后打开炮栓，用炮膛瞄准敌舰——装填发射。早期的火炮光学观瞄设备直至 20 世纪初才发展得比较完善，在这种前提下，射速缓慢、命中率不高的"全重炮"战舰，会在敌舰如雨点一般的速射炮火下土崩瓦解。直到有个俄国设计师提出了那份"自娱自乐"方案的 20 年后，1904 年至 1905 年的日俄战争才使列强们开始考虑设计新型战列舰。当然，其条件是大口径舰炮"速射化"的实现，以及光学观瞄技术的成熟。

20 世纪初，测距仪和计算尺的出现，使"火控"从一种经验和技巧转变成了一种科学，这段时期海上交火距离有了显著的提高。由于测距炮被广泛运用到海战中，舰队之间的有效交战距离从 19 世纪末中日甲午战争时略超过 2000 码，跃升至日俄战争时期的 4000 码以上。在 1903 年，德国莱卡公司和英国 T.Cooke & Sons 光学器材公司正成批生产出光学测距仪。当时先进的战列舰上都配备了此类设备，比如俄国海军的 5 艘博罗季诺级战列舰。当然，博罗季诺级还安装了一些新玩意，比如说连通指挥舰桥与各炮塔的信号指示器②。

①也可以理解为设计师们闲来无事自娱自乐，类似德国海军在第二次世界大战中搞出来的那个 H44。这些设计在当时的技术条件下并不现实，却常让许多盲目的人怀有过分的幻想。

②一些仪表盘和刻度指示器，可以不用通话管传送语音，而是直接扳动旋钮将舰桥的意图传递给舰内各岗位。

虽然日本海大海战的结果说明了一两件最新的设备不足以决定海上交战的胜负，实际上俄国水兵的训练也很不好，他们没有经过系统的培训，炮塔长们对光学测距仪的感觉也很差，常常是前后炮塔测算同一个目标会得出大相径庭的数据。

除了 19 世纪 80 年代那份根本算不上设计的"设计"，俄国人在英国建成"无畏"号之前，最接近于"无畏舰"概念的一次是在 1900 年。在这一年的 4 月份，海军造船局方面提交给海军技术委员会（Naval Technical Committee，简称 NTC）设计草案，打算建造一种装备 20 门 8 英寸火炮的超级装甲巡洋舰，预计排水量将超过 15000 吨。草案中，20 门 8 英寸主炮将分别安装在 10 个双联装炮塔里，设计速度为 18 节。海军希望能凭借这种怪物一样的船，压倒当时其他国家现役和即将入役的装甲巡洋舰。

不过和大多数过于激进的武器开发提案一样，海军技术委员会质疑这种极端化军舰的存在意义，并且担心为其准备多达 40 门 8 英寸炮会花费太多的时间和资源，而且他们也不认同"把战舰造成装甲巡洋舰，然后去压倒敌方装甲巡洋舰"这类的小聪明。就在造船局与 NTC 就此事反复扯皮的时候，中规中矩的博罗季诺

■ 美国海军的初期无畏舰"南卡罗来纳"号，建于 1906 年。本来该舰将早于"无畏"号完成，但因为国会审批的问题被耽误了一个财年

级战列舰的设计已经完成。老成持重的海军部长提尔托夫（P.P.Tyrtov）中将，命令下一系列的战舰都以"博罗季诺"号为基础不断改进。于是，NTC便以此为理由，将造船局兴冲冲送来的"秘密武器"提案一脚踹了回去。

由于同时肩负着许多的工作，所以对"超级装甲巡洋舰"进行的版本升级只能在断断续续中进行。就这样一直忙到了1903年年初，结合了俄国当时最新锐的博罗季诺级战列舰的多数优点，"大型战列舰"的蓝图终于成型："升级"后的版本安装上了艏艉4门12英寸炮，从所谓的"超级装甲巡洋舰"摇身一变成了"大型战列舰"。设计排水量高达16500吨，比博罗季诺级增加了约20%，就一种"前无畏舰"而言可谓登峰造极。其武器系统也是从来没有过的，除了艏艉的2个双联装炮塔安装有12英寸40倍径舰炮之外，12门8英寸50倍口径火炮被分别安装在6个双联炮塔中，分布于左右两舷，顶层甲板下面的炮廓中还安装有20门75毫米炮。这2艘船便是后来的"安德烈·佩沃兹万尼"号（Andrei Pervozvannyi）和"沙皇帕维尔一世"号（Imperator Pavel I），很难想象"超级装甲巡洋舰"这种拍脑袋式的创意在遭受兜头一瓢凉水后，竟然变成了规模前所未有的大型战列舰。

不知是幸运还是不幸，两舰在日俄战争打得最热闹的那段时间开工，俄国舰队在太平洋上吃的那些大亏，使海军当局中途叫停了整个工程。海军希望能够利用实战中取得的经验对原来的设计进行调整，于是在1905年秋天，安德烈·佩沃兹万尼级战列舰的版本从2.0升级成了3.0。在这个"3.0最终版设计"中，12英寸主炮的数目保持不变，其他武器调整如下：8英寸50倍口径火炮增至14门（8门位于舷侧的4座双联炮塔中，6门位于顶层甲板上的低位炮廓中）；75毫米反鱼雷艇炮在实战中被认为威力不足，于是原来的20门75毫米炮被替换为12门120毫米50倍口径炮，并且吸取了博罗季诺级战舰反鱼雷艇炮组安装位置过低，在海浪冲刷下无所作为的教训，统统被挪到了舰桥两侧的炮廓中。此外，船体的装甲防护系统几乎整个推倒重来，主要改动是将原本只保护前后炮塔之间船体的装甲带延伸到了艏艉末端，采取了全面防护的模式，船舷侧也不再设舱孔和舷窗。这么做的理由很简单，鉴于日本海海战中日舰令人生畏的苦味酸炮弹攻势，海军特别强调这些战舰必须能有效抵抗从3.7~14.8公里外，以相应角度射来的爆破弹。这种装甲防护模式由

■ 日本海军的"萨摩"号战列舰（上）和俄罗斯海军的"安德烈·佩沃兹万尼"号（下）一样，是进入无畏舰时代之后建成的前无畏舰，其构型显示了设计师在新旧交替时期的探索

波罗的海造船厂的顾问克里洛夫（A.N.Krylov）提出，当时战列舰"沙皇帕维尔一世"号正在那里建造。除了全面防护船舷外，克里洛夫提议将水平装甲扩展为两层——上层和下层。上层装甲甲板用于抵挡小口径炮弹或者诱爆较大口径的炮弹，下层装甲则用于吸收炮弹爆炸后产生的破片，并阻挡已经遭第一层装甲削弱后的爆炸冲击波。

从后来的情况看，3.0版似乎也不怎么符合时代潮流。不过等海军充分意识到这一点的时候，已经是《普利茅斯》条约签署以后的事了。当总结出海上交锋的教训，并得知"全重型主炮"战舰时代即将到来的时候，"沙皇帕维尔一世"号和"安德烈·佩沃兹万尼"号这对难兄难弟的船体已经建造了一半。木已成舟，难以搞出个3.0的修改版了。即使还能做出修改，也未必真的会安装超过4门12英寸主炮。因为"全重型主炮"战列舰的理念还没有被广泛接受，俄国海军内不少当局者相信增加8英寸或9英寸火炮是增强攻击能力最有效的途径，它们的射速要快得多，并不是所有人都能敏锐地意识到海上交战的距离已经开始成倍增加了。在19世纪90年代，关于加强战列舰二级火力的观点已经被奥匈帝国、法国和日本所接受，他们建造了一系列拥有强大二级火力的战列舰。有些极端的例子，他们甚至为了增强二级火力而进一步削减12英寸主炮的数量。奥匈帝国完成了3艘拉德斯基级（Radetsky Class）战列舰（14500吨、20节、4门12英寸45倍口径炮、8门240毫米45倍口径炮）；法国海军有6艘丹东级（Danton Class）战列舰（18400吨、19节、4门12英寸45倍口径炮和12门240毫米50倍口径炮）；日本姐妹舰"安艺"号和"萨摩"号（19300～19500吨、18～20节、安装4门12英寸45倍口径炮和12门10英寸45倍口径炮）。事实上这些战舰仅比第一批无畏舰稍慢一点儿，"丹东"号和"萨摩"号同无畏舰的火力相当，三者在单位时间内弹药投射量是一致的。也就是说在传统的4000码距离上交火，"丹东"号和"萨摩"号完全不输于"无畏"号，而在当时，火控技术的制约也难以将战列舰之间的有效交火距离增加到6000码以上。"无畏"号的"全重型主炮"模式为几年后的火控系统革命打下了基础，使其能在集中式火控的变革中涅槃，现有的这些战舰则成了最后一批装有中间口径火炮的主力战舰。俄国的安德烈·佩沃兹万尼级战舰同这些外国姐妹舰一样，成了旧型战列舰向无畏舰演化过程中的产物，或者说是一些发育不良的怪胎。单就俄国战列舰而言，这 2 艘前无畏舰的造型确实蛮奇特的——笼式桅杆、光滑的船舷外壳和艏艉的埋入式无柄霍尔锚。显示出它们与以前俄国的同类型战舰很不相同，充满了美国式风情。

"想" 和 "要"

在 1906—1907 年，俄国海军比较切合实际的全重炮型战列舰观划构思完成，而且差点就开始建造了。由于财政方面的困难，此计划被束之高阁。即使是心底一直支持海军扩建的尼古拉二世，在面对军人抚恤金与造舰经费时，也会毫不犹豫地选择前者。毕竟，专制君主都知道，其权力的基石是忠于他个人的武装力量。直到 1908 年，海军总参谋部（Naval General Staff，简称 NGS）才重新拾起建造"无畏舰"的构想，并将其改进为俄国式无畏舰的雏形。

1907 年年底，俄国将无畏舰的特征正式确定了下来：

第一，12 门 12 英寸 52 倍口径火炮（这是来自于海军高层的直接要求，他们在发给设计部门的信件中写道："……应该采用 12 英寸 50 倍口径，或者更强的火炮。"）；

第二，14 ~ 18 门 120 毫米二级火炮，要足以对付一个驱逐舰支队（9 艘）的进攻；

第三，船舷和甲板要有全面的装甲防护；

第四，采用涡轮式主机；

第五，采用小管锅炉三腔体锅炉；

第六，最高速度不低于 21 节。

当然，上面这六条只是一个关于建造何种无畏舰的总原则。尽管 NGS 和 NTC 的海军专家们在这些问题上观点都很明确，但是他们仍然没有提到如何具体安置主要的武器装备。因为就当时的经验来说，在 1 艘船上塞 12 门 12 英寸炮似乎显得有一点多。日俄战争中的经验告诉他们，未来的战列舰想要有效命中敌舰必须安装尽可能多的重炮，同时要达到极快的速度。还有一个主要因素就是战术选择能力，比如射击距离、切入角和炮弹定时的选择等。

在吸收了日俄战争的教训并获得第一批国外无畏舰的数据之后，NGS 确信全侧舷主炮的设计对战舰来说非常重要。从战术角度来讲，这些炮必须要有足够的侧舷射界，为了达到这一点，主炮塔一定要位于船体中线上。此外，俄国人认为炮塔还需要处于同一水平面，原因如下：

如果采用背负式炮塔，两炮塔压载装置会相互干涉（这样安置也会限制下层炮塔的发射弧）；

背负式炮塔上层炮塔炮座较高，需要更重的装甲；

水平排布的炮塔火控系统更加简单；

战舰的侧影越低，作为目标来说越难被击中。

此外，俄国海军还希望这些大型炮塔等距离排布。如此一来，一旦在战斗中某个炮塔被命中，其损害便不会轻易波及邻近的炮塔。同时轮机舱和锅炉室也可以安置在炮塔之间。相比上述诸多举措，对俄国海军意义最大的，还是将主炮全部安装在三联装炮塔中这一决定。

当时，圣彼得堡金属铸造厂（St.Petersburg Metallic Works）正在设计新的12英寸50倍口径火炮。NTC曾下令让铸造厂分析此报告后，回答如下问题：三联装炮塔与双联装炮塔相比，每门炮能省下多少重量？三联装炮塔对炮弹装填速度有何影响？铸造厂的计算结果表明，同样布置6门主炮，采用三联装模式安置2个炮塔与采用双联装模式安装3个炮塔对比，三联装模式下每门主炮耗费的重量比双联装状态节省了15%。乍一看来，这么做在技术上似乎非常激进，以我们现在的经验都明白采用三联装模式的优越性，历史上那些末代终极战列舰，诸如美国海军的"依阿华"号和旧日本帝国海军的"大和"号都采用了三联装炮塔。就俄国海军当时的情况而言，同时代的其他海军强国还没有过类似的尝试，需要冒相当大的技术风险。另一方面，如果坚持要在设计中的无畏舰上布置12门主炮，那么海军就必须采用三联装炮塔。同样的，海军也对他们的工程师充满了信心。另一件意外的事情也坚定了俄国人冒险尝试的决心，哪怕纯属以讹传讹——在1907年6月，俄国驻柏林的海军观察员错误地汇报说德国海军正计划在无畏舰上装备16门12英寸火炮，其中的12门火炮安装在三联装炮塔里。听闻此事后，NTC将这份报告进行了复制，转送给圣彼得堡金属铸造厂。接着铸造厂主动开始了12英寸52倍口径三联装炮塔的设计工作，于1907年10月递交给NTC一个初步的研究报告。NTC通过了这个报告，将其作为一种新战列舰的卖点，与其他设计展开竞争。

其竞争优势体现在附有完整的三联装炮塔设计图，这就是俄国海军自主研发的 12 英寸口径三联装炮塔的初始样板。俄国人不会忘记在历史篇章的末尾加上这么一句话——完全没有依赖外国技术和进口设备……

圣彼得堡金属铸造厂送来报告，宣布三联装主炮塔完全可行，这份报告令海军大感欢喜。于是，在此技术上，NTC 进行了初步的设计：安装 4 个三联装 12 英寸炮塔，主炮塔依靠上层建筑物与烟囱的分隔等距布置在甲板上，平甲板船型，安装大型涡轮式主机。

1907 年 10 月中旬 NTC 和 NGS 对这个设计进行了战术和技术上的评估，确定其具有以下优势：

第一，由于采用了三联装炮塔，武器系统的重量比双联装模式节省了 15%，并且有希望安装 12 门 12 英寸主炮；

第二，主炮全部安装在船体中轴线上，对比俄国海军和英国海军那些采用交错式主炮布置模式的无畏舰，俄国的新船具备更好的战术优势，在战斗中可以任意向两舷方向发挥全部主炮火力；

第三，位于中线上的炮塔意味着下方的主炮弹药库远离侧舷，这样可以更好地保护弹药库安全。

明确了新战列舰的特征后，摆在海军部领导人迪科夫上将（I.M.Dikov）面前的问题是：如何通过全面招标竞争的方式（或者说参考外国公司投标方案的方式），遴选出最好的战列舰设计。

1907 年年底，俄国海军向 29 个国内外造船厂发出了邀请函，声明就俄国海军的新式战列舰设计公开招标。俄国海军此举从后来的发展看，似乎不怎么地道。因为俄方没有公布一个标准，究竟要达到哪种标准才会下达订单。无疑，俄方这种行为有广泛参考国外公司富有创意之设计的目的，是想利用俄国国内的工人和材料，在俄国的船厂内建造这些战列舰。

俄方打的算盘想来也为各方熟知，不过对大多数企业而言，这毕竟是一次争取订单和赚钱的机会，只要有一丝可能，军火商们便不会放弃。投标非常踊跃，至 1908 年 2 月 28 日竞标工作结束时，有关方面总共收到了 51 个设计样本。递交这些设计的既有造船厂，也有海军建筑师。在竞标过程中，俄国海军内的众多单位（造船、武器、工程部门等）各司其职，负责对应的评估工作，而 NGS 负责的是战术需求方面的工作。在所有评估结束之后，将由 NTC 对这些设计进行全面分析，拍板的权利掌握在 NTC 手中，因为他们要对战舰最终建造成功负全责。

经过仔细研究之后，NTC 选出了三个顶尖级设计：

第一名为布洛姆·福斯公司提交的 10 号方案（Blohm & Voss #10）；

其次是来自达尔尼·沃斯托克造船厂的方案（Dalnii Vostok）和意大利安萨尔多公司的 10 号方案（Ansaldo #10）；

最后，波罗的海造船厂提交的 2 号方案交给了俄国海军方面的布勃诺夫（I.G.Bubnov）单独处理。NTC 认为此设计的优势在于拥有最好的船壳结构，但它最终还是被排除在了最佳方案的行列之外。因为波罗的海造船厂给出的方案中均采用了背负式方式布置主炮塔，艏艉各有两个，这与海军事先给出的主要竞标条件相悖。由于其壳体设计的优异性和其他一些讨海军喜欢的特征，海军要求波罗的海造船厂改变一下炮塔的设计，以符合 NGS 和 NTC 的要求，然后重新参与竞争。

在获得了大量投标方案之后，NTC 的首要工作便是从中选出一个最好的设计作为样板。无论俄国海军的第一代无畏舰是否会依照此样板为母本，至少要给以后的设计一个良好的参照点。

达尔尼·沃斯托克造船厂拿出来的战列舰方案预计重量为 20380 吨，起初 NTC 认为这个版本很值得考虑。不过，这个原版是由俄国海军设计师科罗马尔蒂（L. L. Koromaldi）一个人设计，而科罗马尔蒂是在波罗的海船厂领薪水的。所以，能不能采用还得看波罗的海船厂的态度，结果这个设计被否决。

从战术角度考虑，NGS 比较中意安萨尔多公司的 10 号方案。这个设计由意大利海军的主设计师科尼伯尔蒂（V. Cuniberti）提出，具备不少显著的优点。这份方案的排水量是诸多设计方案中最小的，仅 20024 吨，设计的中弹药舱位置合理且实用，锅炉室和轮机舱的设计也很出色，此外还有很好的外形。但是这个设计也存在严重的缺陷，首先壳体占整艘战舰重量的比重偏低，显得不太现实；其次反鱼雷艇火炮安放位置也不是很合理，火炮被设计于上层甲板的平台上，而且没有任何保护措施；最后轮机设备所占比重也偏低，难以承担战舰正常运作所需要的轴马力，隔水舱壁内则贯穿着一个复杂的蒸汽

■ 意大利海军的第一艘无畏舰"但丁"号，有着和俄国战列舰相似的设计理念，也是达尔尼·沃斯克造船厂的手笔，正因为这样，俄罗斯战列舰很长时间内都被一些比较肤浅的海军爱好者贴上了"模仿意大利设计"的标签，实际上这并不正确

管道系统。总而言之，NTC 主席和竞标总负责人克里洛夫认为"这个设计的准备工作太匆忙，众多技术指标不太合理……具有许多缺陷"。为了更好地了解设计师的意图并做出合理的修改，科尼贝尔蒂本人被专程邀请到了俄国，同 NTC 一起研究如何合理分配船重和加强船体结构等的问题。对设计进行仔细分析后，他们发现，为了达到方案中所希望的技术指标，排水量需要增加至少 3000 吨……大失所望的 NTC 否决了科尼贝尔蒂的设计。

在随后的一个海军部理事会会议（Admiralty Council）中，与会成员一致认为布洛姆·福斯公司提供的设计是最好的。这个设计的各单项指标都不是最好，但是其整体性能非常优异，数据也很合理，显然经过深思熟虑。在德国人的方案中，整艘战舰重 23285 吨，弹药舱能得到很好的保护——靠近两侧船壳，呈纵向布置的煤仓可以有效地掩护位于船体中心中轴线上的主炮弹药库。此外，德国设计的船体水下线型也很出色，还具有高效的推进系统。这个设计的整体特点是外壳长度相对较短，船宽显得过大，带有明显的德国式战列舰的遗传因子。

在俄方审议那所谓的三强方案时，波罗的海船厂设计的改进工作已经完成。俄国海军私下把意大利和德国的设计方案透露给了波罗的海船厂，使其设计成为集各家所长的终极产物，同最初的胜出者"布洛姆·福斯#10"相比几乎不相上下。既然在出色与否上两者难分伯仲，那么竞标最后的胜利者理所当然地成了波罗的海造船厂，因为这是一家俄国企业。海军基于政治上的考虑，最终选择了波罗的海造船厂来设计与承建他们的第一代无畏舰，而俄国部长会议则忙不迭地为海军不厚道的举动擦屁股，向着怒不可遏的布洛姆·福斯公司赔笑脸。最后布洛姆·福斯公司获得了俄方25万卢布的赔偿，波罗的海船厂如愿以偿地拿到了合同。

此次国际竞标虽然兴师动众，引来了欧洲众多颇具实力的船厂参与竞标，结果却收获甚微，只有布洛姆·福斯领到了安慰性的25万卢布，只够给那些白辛苦的设计师们发一次奖金，顺便为工人们加个薪。虽然这是俄国海军使坏的明证，却也从侧面反映出俄国已经基本有能力设计出自己满意的无畏舰，当然，因为经验尚浅，出于谨慎他们采取了这种不厚道的行为，汲取一下各家所长。然而这一结果让当时的海军领导人食髓知味，认定了这是一条最快最便捷的获得最佳设计的捷径。于是在此后4年中，每当要建设新的主力战舰时，都要展开类似的国际竞标。很快，俄国海军便成了欧洲公认的"鸡贼"，名声越来越臭。

塞瓦斯托波尔级无畏舰

介绍完了设计的由来，现在该是具体讲述俄国第一批无畏舰最终版本——塞瓦斯托波尔级无战列舰的时候了。

在设计者的努力下，这些战列舰的12英寸52倍口径炮的安放位置非常合理，其三联装炮塔也极为可靠，而且并不像奥匈帝国无畏舰乌尼提斯级（或者称为团结精神级）安装的三联装炮塔那样，3门主炮共用2台扬弹机。这也为未来俄罗斯更大口径舰炮炮塔的设计提供了原始样板。同样的，塞瓦斯托波尔级因为诸多特性的总和，成了未来俄国战列舰的标准模板。

塞瓦斯托波尔级战列舰的装甲防护系统和以前的战舰有很大不同，后来的沙皇级战列舰大多复制了此种设计。整个系统的设计理念来自于NTC主席克里洛夫，他吸取了日俄战争的失败教训，从1906年开始研究大型战舰的抗击打性能。他将舷侧装甲提高到主甲板位置，这样防护带上缘以上的暴露部分就减少了，尤其是当战舰倾斜时，此优势会更加明显。装甲厚度的选择非常重要，因为哪怕增厚一点点，重量就会增加很多。例如在"塞瓦斯托波尔"号上，当防护带厚度为225毫米时，每增加1英寸厚度就意味着重量增加250吨。后来俄国人意识到，那个时代战列舰的装甲厚度都不能确保完全不被敌方炮弹击穿。根据塞瓦斯托波尔级战列舰的原始设计图纸，此防护带厚度应为350毫米，代价是花费3300吨的重量，但是这一数字远远超出了NGS的容忍范围，即建造一种火力强大的快速战舰，而且要增加主力火炮的口径，其防护装甲也必须要增厚。因此主防护带的厚度只要能保证将炮弹瓦解掉即可，其碎片则由内层防护带来吸收。在这个设计中，50毫米厚的内部纵向隔水舱壁位于中层甲板和下层甲板之间，与一块从下层甲板外侧延伸到主防护带下缘的斜隔水舱壁相连，此斜隔水舱壁厚度也为50毫米。俄国人认为这个"双层垂直装甲"系统在有效减轻重量的同时，还可以有效防止炮弹碎片进入战舰的"命门"。在这种逻辑下主导完成的设计，几乎和30年后德国海军建造俾斯麦级战列舰时，针对防护系统做出的构想如出一辙。只不过在那个时代，由于穿甲弹延时引信技术的进步，再采用这种思路显然是愚蠢的。

主防护带以上的船舷由一条厚125毫米的上层防护带保护，此防护带采用了表面渗碳硬化技术[1]，是用来瓦解射来的中口径炮弹弹丸。此防护带之后的二级装甲为厚38毫米的弹片防护带。主防护带前后两端分别与前后炮座处的横向隔水舱壁相连，因此整艘战舰的命门（弹药舱、推进系统、控制系统等）被四面垂直装甲板包裹了起来。虽然算不上固若金汤，却也是标准的全方位保护了。

在日俄战争中，日本联合舰队那种充填了黄色炸药（苦味酸）的炮弹，让俄国海军尝尽了的苦头，由于采用这种装药的炮弹极其敏感，而且爆炸威力强劲，一轮猛轰之后往往将俄舰上所有没有装甲保护的部位尽数炸了个稀巴烂，船体也遍布被猛烈爆炸撕开的破口。有装甲的部位就截然相反，因为装填

[1] 所谓的克虏伯硬化法。

■ 塞瓦斯托波尔级战列舰 "彼得巴甫洛夫斯克" 号在涅瓦河上，船体部分已经完工，刚刚滑下船台

苦味酸的炮弹过于敏感，即便是擦上了缆绳都会引爆，一触即炸的特性使炮弹根本来不及贯穿装甲板便已经引爆了。因此在许多情况下，一层并不厚的破片装甲都能挡住这类炮弹。基于这种极端的例子和经验，俄国海军的第一代无畏舰水线以上的船舷全部覆盖着装甲，防护带的覆盖面积非常大。

　　同安德烈·佩沃兹万尼级战舰一样，塞万斯托波尔级战舰也将安装双层装甲甲板。一层位于上层甲板处，厚度为 38 毫米。另一层位于中层甲板——即主甲板处，厚度为 22 毫米。上层甲板的材质采用软钢，其目的是抵挡小型炮弹和瓦解大口径弹丸。主甲板装甲采用表面硬化装甲，用来抵挡穿入船体内部的弹片。这两层水平装甲构成了船体防护系统的 "盖"，其侧面为主防护带，前后为船体的防水隔墙，从而构成了整个防护系统。由于日俄战争中双方有相当数量的舰艇被水雷摧毁，所以塞瓦斯托波尔级特别增强了防雷措施。为了强化对抗锚雷和沉底水雷的能力，船内增设了三层船底。

　　就俄罗斯方面的海军学家而言，塞瓦斯托波尔级战列舰的装甲系统可谓非常 "完美"。他们认为其完全可以和国外的同类战舰相媲美，有的地方还会胜出。当然，如果没有实际战例可以证明其防御理论，那么好还是不好大可以随他们去吹。如果说塞瓦斯托波尔级的装甲系统有什么特别的地方，那么关于侧装甲带的装甲板安装方式值得专门提一下。从传统上看，战列舰侧装甲带上的每块装甲板，都依靠四个角的螺栓固定在船体上。塞瓦斯托波尔级战列舰采取了不同的方式，每块装甲板的各边都被多敲了几个固定螺栓。虽然这样会增加额外的工作量，但是当装甲板被炮弹命中后，若装甲固定螺栓被打掉，那么这种固定方式可以阻止钢板发生弹性振动，而此振动极有可能将没有损坏的钢板敲掉，对马岛战役中曾发生过这种情况。

虽然一直希望新战列舰安装涡轮机，但是当即将实际建造的时候，要不要为俄国新战列舰安装涡轮机又成了一个尖锐而且棘手的问题。因为当时俄国在这一方面的技术才刚刚起步，没有十足的把握可以建造2万马力以上的大型涡轮机。

由于塞瓦斯托波尔级战舰采用了过多新技术，船体尺寸对于俄国海军而言也是前所未有的，所以在设计涡轮机并对波罗的海船厂和法俄船厂（Franc Russian Works）的装配设施进行改造时，俄国海军的设计者向英国的约翰·布朗公司（John Brown & Co.）寻求技术支持。另外，锅炉的设计也引发了激烈的讨论。由于海军部非常喜欢贝勒维尔式（Belleville）锅炉，因此最初决定采用这种锅炉。然而，当时的海军建设部主任克里洛夫对亚罗式锅炉（Yarrow）情有独钟，在他的强力干涉下，最终选择了亚罗式锅炉。

船壳的设计体现了许多新的理念，其主要特征是强调提高船体纵向强度。首先，船体外层的船壳钢板底缘嵌合在船体底部的纵梁内，与宽大的横向列板重合。此设计主要是为了防止船体颠簸时，船体外壳受压变形。这既符合欧拉应变原理[①]，又能使外层板材增强壳体的纵向强度。这些计算的理论基础由布勃诺夫创立。占据大部分船体长度的上层甲板梁沿船体中心线排布，与龙骨平行，用来构成甲板的钢板也能增加船体的纵向强度。虽然隔水舱壁钢板厚度要比先前级别的战列舰薄一些，但是其支撑框架的安排更为合理，隔水舱壁的强度未被削减。

外壳的建造使用了三种钢：应力限度为42千克/毫米的普通造船软钢（水线以上的平台和隔水舱壁）；应力限度为63千克/毫米的强化钢板（横梁、纵梁、

---

① 一种关于船体外形受潮汐影响产生相应变形的理论，引申自欧拉方程。

■ 4艘塞瓦斯托波尔级战列舰组成了波罗的海舰队的第一中队，图为停泊于赫尔辛基之外冬季锚地的"塞瓦斯托波尔"号。全舰都被涂成白色，防雷网已经张开。"塞瓦斯托波尔"号是第一中队的旗舰，所以在主桅上悬挂着一面海军少将旗

船壳内皮和外皮）；应力限度为 72 千克 / 毫米的高强钢（龙骨）。

　　除了使用了更好的钢材之外，NTC 还修改了应力限度标准。在布勃诺夫和克里洛夫的亲自领导下，专家们进行了严格的运算，在达到相同强度标准的情况下节省了很多材料。所有这些措施使船壳重量减小了很多。与"安德烈·佩沃兹万尼"号相比，船壳所占比重从 26.3% 降到了 24.5%（5012 吨 /23288 吨和 5002 吨 /19005 吨）。总的来说，新系统为船壳减轻了 19% 的重量，节约出来的重量可以为主机提供更多的选择余地。

　　除了壳体设计、武器和装甲防护方面的革新外，俄国在日俄战争中获得的最重要的教训体现在"改善战舰的自沉效率"和船体稳定性方面。根据克里洛夫的设计，俄国采用了大口径金斯顿闸门①和特殊的两翼压载舱，当船体颠

---

　　① 也许是经历了日俄战争以后，俄国人无法容忍自己的战列舰被别国俘房，希望以后能通过立即自沉的方式避免这种命运。

簸时，海水通过舱门在两翼压载舱之间快速流动可以减轻颠簸幅度。为了在战斗中获得合适的稳定性和浮性，战舰上还设置了一个特殊的机构，专门负责调整船体位置和状态。

尽管俄国第一代无畏舰取得了很大的突破，相对于其他国家的海军来说获得了巨大的飞跃，但不可否认的是，塞瓦斯托波尔级战列舰还是有缺点的。火力和装甲防护不对等，二级火力装置位置安放得也不合理（在各国最早的一代无畏舰中都可以发现这个缺点）。此外，适航性不佳的问题在其服役后便体现出来了，某些情况下就算在中等浪高的海面上航行，海水也经常冲上上层甲板，因此这些战舰不适合远洋作战。

玛丽亚女皇级

全部 4 艘塞瓦斯托波尔级战列舰都在 1909 年开工，作为俄罗斯海军的初代无畏舰，或者说构成俄国海军波罗的海舰队第一战列舰中队的存在，俄罗斯海军终于进入了无畏舰时代。

尽管俄国在《海军法》内定义了，波罗的海舰队将由 3 个中队构成，但是在开始建造塞瓦斯托波尔级战列舰以后，海军不得不暂时把重心移向南方。下一个系列的无畏舰建造（黑海舰队的玛丽亚女皇级战舰）会直接针对土耳其向英国订购了 2 艘无畏舰这一事件。很明显的事实是，一旦土耳其的这项计划得到落实，俄国在黑海的海军霸权将受到严峻挑战。鉴于这种巨大的威胁，黑海舰队的扩充工程被提到了前所未有的优先级。

从战术需求角度来说，在那一片海域的战舰不需要有太高的速度，21 节就足够了，而最重要的是火力装置。有一件事不太广为人知，那就是俄国人一开始计划给新战列舰装备的 14 英寸炮，使这些战列舰实际上成了所谓的"超无畏舰"。

在 1911 年 4 月，NTC 的舰炮部（Artillery Department）向海军部长报告说："目前决定为黑海舰队建造 3 艘战列舰，现在需要立即解决的问题是究竟采取何种口径的主火炮——12 英寸还是 14 英寸。据可靠情报，土耳其将为战列舰安装 13.5 英寸口径火炮，所以 NTC 认为在测试结果出来之前，就用 14 英寸口径火炮代替 12 英寸口径火炮。安装更大的口径火炮难处在于，奥布霍夫军工厂无法在 NGS 设定的战舰完工日期（1915 年 1 月 1 日）前，生产出足够数量的炮管（36 根），战舰的完工时间将拖延 18 个月……"

NTC 做出了相应决定，为了避免耽搁新战列舰的计划和建造进程，于是从国外购买这些炮管——总计 37 根，其中 36 根安装在炮上，剩下的那根用于测试。配套的主炮塔将在俄国完成建造。1911 年 5 月，俄国向维克斯·阿姆斯特朗工厂（Vickers-Armstrong，英国）、克虏伯船厂（Krupp，德国）、施耐德船厂（Schneider，法国）和斯科达船厂（Skoda，奥匈帝国）发出竞标邀请，要求这些船厂给出 37 根 14 英寸 52 倍口径炮管的设计图，并负责制造这些炮管。不过，对于有订单上门兴奋了一阵儿的外国企业来说，俄国又让他们空喜欢一回了。因为不久之后，俄国海军部又宣布取消这些计划，部分原因是考虑到当前国际局势后，希望尽可能地避免依赖外国资源。但主要原因还是 NGS 报告说，他们通过计算后，认为 12 座 12 英寸 52 倍口径炮足以对抗 10 座 13.5 英寸 45 倍口径炮。1911 年夏秋之交，在经过了类似塞瓦斯托波尔级设计招标的那种坑蒙拐骗之后，关于黑海舰队无畏舰的最终设计出炉，主火力为安装在 4 座三联装炮塔中的 12 门 12 英寸 52 倍口径炮。

虽然配备在黑海的无畏舰设计模板是塞瓦斯托波尔级战舰，但配置在黑海的无畏舰比波罗的海先行者要先进一些。当然，用俄国人的话来说，其先

■ 1915 年，"玛丽亚女皇"号的侧面轮廓。1916 年，该舰因内部爆炸而沉没，战后残骸被打捞拆毁

■ 另一张"玛丽亚女皇"号的照片，推测是在1915年追击"戈本"号返航后拍摄的，此时该舰停泊于塞瓦斯托波尔港

进性不是体现在单一的某个主要特征上，而是体现在总体均衡性上。这些无畏舰后来被称为玛丽亚女皇级，一共建造了3艘，以抗衡土耳其海军向英国订购的2艘无畏舰。

　　该级战舰的主要火力装置没有改变，二级火力得到了很大的增强。从塞瓦斯托波尔级的16门120毫米50倍口径炮，增强为20门130毫米55倍口径炮。这些炮在船体上安装的位置也有区别，黑海无畏舰是12门在前、8门在后，塞瓦斯托波尔级战舰则集中在舰体中部。

　　装甲分配系统没有改变，只是装甲得到了显著的增强，侧装甲被提高至260毫米的厚度，算上机舱外的50毫米装甲，已经足以在正常交战距离上抵御12英寸炮弹的攻击。但是，水平装甲方面比之塞瓦斯托波尔级并无加强。在塞瓦斯托波尔级战舰上，主防护带和二级弹片防护带之间的空隙形成了一条连接上下两层的舰内通道；在黑海的无畏舰上，此空隙就是一条不分层的普通侧边通道，高度由上甲板来决定，因为下层甲板的防护面是倾斜的。黑海无畏舰的一个重点改进就是主防护带钢板和船体框架上的衔接更加合理，它们的长边外缘和战舰横肋骨并排，令其结构更加稳定，抗炮火能力得到增强。这种装甲分配系统被后来的俄国无畏舰广泛采用。另外，不知是出于什么考虑，开始海军决定改变侧装甲带的安装方式，取消船体侧面用来安装装甲带的木质基座，但是在战列舰布下龙骨之后，俄国人又决定改回先前的设计，即用松木质地的基座来支撑主防护带。

　　在推进系统的建造过程中，俄国人打算放弃塞瓦斯托波尔级设计采用的巡航涡轮机（cruising turbine）。因为与其占据的船内空间和重量相比，它们起到的经济作用实在是微乎其微。况且，以黑海那巴掌大的一块地方，根本用不着多么好的续航能力，所以也就不用安装单独用于巡航的机组来节约燃料消耗。此后所有的俄国无畏舰均没有采用船用涡轮。锅炉型号未变，仍然是塞瓦斯托波尔级采用的亚罗式锅炉，不过数目从 25 个减少到了 20 个，因为黑海的实际环境导致了对战列舰队航速的要求并不高。为了节省设计时间，黑海无畏舰内部装备的排布方式、辅助系统都与塞瓦斯托波尔级战舰相同。尽管它们也具有塞瓦斯托波尔级战舰的一些缺点，但总的来说，配置于黑海的无畏舰在整体协调性和均衡性方面都要好得多。

1911 年，NGS 制定"扩展造船计划"（Enlarged Shipbuilding Program），此计划特别针对波罗的海舰队战列巡洋舰的建造。由于涉及新的理念，同塞瓦斯托波尔级战舰一样，NGS 和 CDNC（海军建设总局，Chief Department of Naval Construction，1911 年 10 月成立的一个新部门，替代了海军技术委员会负责海军的技术发展）要联合组织一场竞标（确实是食髓知味了）。海军部对第一代战列巡洋舰的主要特征做了如下规定：主火力为 9 门 14 英寸 52 倍口径火炮，依然按照三联装中轴线模式布置；次级火力为 24 门 130 毫米 55 倍口径火炮。设计的最大速度为 26.5 节，装甲同黑海的无畏舰"玛丽亚女皇"号一样。当然，依照当时可能遭遇的对手，这种程度的装甲对一艘安装了 14 英寸主炮的主力舰来说是不够的，但这毕竟只是一种战列巡洋舰。

俄罗斯的战列巡洋舰

如同 1907 年年末发生过的事情一样，在 1911 年秋初，俄国方面向外国的一些公司递交了招标书。当年的 11 月—12 月，NGS 和 CDNC 对俄国普提洛夫船厂、波罗的海船厂和海军造船厂（Admiralty Works）、英国维克斯船厂、约翰·布朗船厂（John Brown）①、毕尔德摩尔船厂（Beardmore），还有德国伍尔坎造船厂（Vulcan yard）递交上来的设计图进行了仔细分析。普提洛夫船厂（Putilov）递交的图纸来自于它们的德国合作者布洛姆·福斯船厂。英国维克斯船厂和

---

① 和 3 年多以前不同，经受过一次教训的外国公司似乎已经学乖了不少。

伍尔坎造船厂的设计很快就被否决了，因为它们不符合主要的配置要求，这样竞争者就只剩下普提洛夫船厂布洛姆·福斯的设计，以及两个圣彼得堡船厂的设计了。最终，海军部造船厂的 6 号设计脱颖而出，被海军部选中作为俄国第一代战列巡洋舰的样板，而布洛姆·福斯再度成了俄国海军发展中的"垫脚石"。此设计的作者是海军部造船厂设计部设计师加夫里洛夫（Gavrilov），进一步的工作随即展开。

不过俄国战列巡洋舰设计的发展并没有就此终结，在 NGS 的支持下，隶属 CDNC 的军火处（Ordnance Department）成功说服海军部长格里戈罗维奇将原标准稍作修改，增加 1 座三联装 14 英寸炮塔，这将使主火力增强 33%。海军部长批准了这个改动后，将新标准通知给 3 个最终竞标者，随后他们修改了标书并递交了上来。1912 年 5 月，经过仔细评估后，宣布海军部船厂和波罗的海船厂的联合设计获胜。当然，俄国人曾仔细考虑过普提洛夫船厂递交上来的实际是出自布洛姆·福斯船厂的战列巡洋舰设计"707–XVII"，此设计和德国无畏舰的设计理念相符，但是 NGS 最终说服海军部再次选择了俄国自主设计的新型无畏舰，此无畏舰的"原版"当然还是塞瓦斯托波尔级战舰，船厂方面推测其排水量应为 29000 ~ 30000 吨。俄国海军给它取的名字为"伊兹梅尔"，于是后人称之为伊兹梅尔级战列巡洋舰。

在加装了 1 座额外的三联装炮塔后，这种规划中的战列巡洋舰的 14 英寸口径主炮从 9 门增加到了 12 门，加上 26.5 节的设计时速，某种意义上来说等于重新设计和造就了一种新型"超无畏舰"。对于这种战列巡洋舰，俄国海军洋洋得意地认为它会在未来的海上战斗中取得主导权，近代的俄国海军爱好者和海军史学家又不忘贴金的"使命"，他们称这是"快速战列舰"概念的发源，就我们通常的认识，第一种"快速战列舰"是英国海军 1912 年设计建造，并活跃在第一次世界大战中的伊丽莎白女王级战列舰。

形象的说，最终版本的"伊兹梅尔"号的蓝图是在"塞瓦斯托波尔"号的基础上扩大和改进而来的。除了 12 门 14 英寸 52 倍口径火炮之外，其二级火力装置了 24 门 130 毫米 55 倍口径火炮，同"玛丽亚女皇"号一样。所有 130 毫米副炮被成对安装在上层甲板下面的炮廓之内，多出来的 4 门则安装在了舰艏甲板下面的炮廓中。

　　虽然硬是将 12 门 14 英寸巨炮安装在一艘船上的想法很有意思，也相当有"胆量"，但意义不大。因为这是 14 英寸炮，比安装在"塞瓦斯托波尔"号上的 12 英寸炮大得多。4 个巨大的炮塔，加上它们的装甲、弹药舱、扬弹器，以及按照设计要求分散布置的模式，势必会使第一个炮塔非常靠近船艏。而这又是战列巡洋舰，为了提高航速，除了增加主机功率之外，更需要优化水下线形增加长宽比，于是设计师被迫在艏艉增加一层艏楼甲板抬高第一个炮塔的位置，以便能塞下必要的设备和弹药舱。现在重量被集中在了船头，"埋艏"将成为不可避免的麻烦。这个弱点在"塞瓦斯托波尔"号上就体现出来了，该舰在第一次试航时暴露出海况较差，前甲板容易上浪的缺陷，装甲更重的黑海无畏舰"玛丽亚女皇"号的试航报告，表明其缺点比"塞瓦斯托波尔"号还要明显……

　　除了更加强大的火力外，"伊兹梅尔"号的推进系统也比"塞瓦斯托波尔"号有了很大的改进。战舰要安装 25 个锅炉，9 个燃油锅炉在前锅炉室，16 个煤／油混合燃料锅炉在后锅炉室。海军部解释道："……与煤／油混合燃料锅炉相比，燃油锅炉较轻，占地面积较小，因为混合燃料锅炉需要处理两种燃料。"将轻型燃油锅炉前置是考虑到了船体前部重量过高的问题，不过这只能起到很有限的作用。

■ 最后一艘为俄国海军建成的无畏舰"意志"号（前"亚历山大德罗三世"号）。该舰于1920年逃出黑海，后来也只能在突尼斯北部的比塞大停泊并慢慢发霉。直到30年代中期报废

伊兹梅尔级的装甲系统设计和玛丽亚女皇级很接近，虽然其装甲系统的重量比那些战列舰有所增加（伊兹梅尔级装甲重 9713 吨，塞瓦斯托波尔级战舰装甲重 6709 吨），但是这种重量的增加主要是为了高速航行和安装更大尺寸的主炮，而导致的船体延长，进而使主装甲带长度延伸。换句话说，即增加重量不是为了提高装甲带厚度，而是因为装甲带长度被延伸。那么"伊兹梅尔"号的防护能力到底如何呢？"塞瓦斯托波尔"号拥有 225 毫米厚的侧装甲带和 50 毫米厚的主机舱外板，其侧舷防护能力勉强可以视为 275 毫米。"而伊兹梅尔"号为 240 毫米侧装甲带、50 毫米机舱外板。比"塞瓦斯托波尔"号略强，也许可以在较远的距离上抵御 12 英寸炮弹的轰击，同时将 13.5 英寸炮弹的破坏力尽可能削弱，但是却对没有可能抵挡 14 英寸炮弹的攻击。当时俄国海军几乎所有的潜在敌国，都在竭尽全力研制这种口径甚至是超越这种口径的舰炮。

从船体外形来说，除了比"玛丽亚女皇"号和"塞瓦斯托波尔"号多了一个舰楼外，伊兹梅尔号和先前设计的另外一个不同之处在于只有前指挥塔而没有后指挥塔。在原始的设计中当然包括后指挥塔，但为了节省重量来增加轮机舱外的装甲厚度（最初因为超重等原因，此处装甲被削减至 38 毫米，海军希望至少能和前两级战列舰相同，也就是说有 50 毫米厚），这个指挥塔被设计师取消了。最终，"伊兹梅尔"号的设计展现出来的是一艘比例优美的战舰，当然，这仅仅是指从侧面看，如果有幸从空中观看这艘军舰的话，大多数人一定会对其怪异的船艏造型感到惊讶。不管怎么说，"伊兹梅尔"号设计的完成是俄国战舰建造史上非常重要的一步。

近代的俄国海军历史学家认为伊兹梅尔级在诸多方面胜过伊丽莎白女王级，特别是配备 12 门 14 英寸主炮这一点相比伊丽莎白女王级的 8 门 15 英寸火炮，也许主炮威力较小。但从单位时间内弹药投射量和增加主炮数量后造成命中率提高等方面考虑，火力至少要强过英舰 20%。任何人都不该忘记的是，伊兹梅尔级的侧装甲带仅厚 240 毫米，算上实际效果堪忧的机舱外装甲板，舷侧防护厚度也近 290 毫米，而伊丽莎白女王级的装甲带厚 13 英寸（330 毫米）。俄国人的动机值得理解，不过，将伊兹梅尔级称为"快速战列舰"未免名不副实。

黑海的第四艘战列舰

本来，海军只计划在黑海配备 3 艘战列舰，但是在 1914 年 1 月，第四艘战列舰的设计方案被提交上来。

之所以要建造这艘船，是因为来自英国的情报显示，土耳其意欲买下英国和美国为巴西、阿根廷建造的 2 艘无畏舰。海军并不清楚土耳其已经放弃了订购第二艘雷萨迪级的计划，当时人所共知的是土耳其已成功买下了原巴西订购"里约热内卢"号，当时这艘战舰正在泰恩河畔的阿姆斯特朗船厂内，且建造工作已经完成了 75% 以上。俄国海军原先的战略是在黑海配备 3 艘安装 12 门 12 英寸主炮的战列舰，以制衡土耳其订购自英国的 2 艘各安装 10 门 13.5 英寸主炮的雷萨迪级。现在，海军的战略考虑中必须加上"里约热内卢"号，情报显示该舰安装有 14 门 12 英寸主炮……

俄国人决定让这艘新战舰的武器装备和另外 3 艘在建的无畏舰一致，在建成之后将共同构成一个战列舰中队，成为符合《海军法》要求的标准战术单位。由于时间紧迫，在战舰设计之前，沙皇尼古拉二世已经亲自否决了为这艘战舰安装 8 ~ 12 门 14 英寸 52 倍口径火炮的计划。新战列舰的计算主要对付土耳其战舰"雷萨迪"号[①]的需要，所以其武器装备基本上复制了"玛丽亚女皇"号，只是船体中央的 2 个主炮塔的指向有所调整[②]。

这艘被命名为"尼古拉一世"号的新战列舰设计标准排水量为 27830 吨，增加的重量主要用来改善侧舷防护能力，因为海军认为玛丽亚女皇级需要对抗"雷萨迪"号 13.5 英寸炮的攻击。由于战列舰主炮口径的持续增加和火控技术的进步，远程炮战的趋势日益明显，故海军对加强战列舰的水平防御能力格外重视，主要的改进为增加上甲板装甲，在这一层甲板上加装 38 毫米厚的水平装甲，从而使水平装甲厚度达到 101 毫米：38 毫米（艏楼甲板）+38 毫米（上甲板）+25 毫米（中层甲板）。此外船体内部纵向隔水舱壁（即机舱外板装甲）也加厚至 75 毫米。在装甲材质上，内部隔水舱壁第一次采用了表面

---

① 这艘战舰在一战前被英国扣押，改名为"艾琳"号（Erin）。
② 玛丽亚女皇级第一、第二、第三炮塔指向船艏，位于船艉的炮塔指向后方，而新战列舰的艏炮塔前指，之后的 3 个炮塔均指向船艉。

■ 1916年5月25日，黑海舰队倍感光荣的日子，"玛丽亚女皇"号在塞瓦斯托波尔港准备接受沙皇的视察。但是，这一刻距离俄罗斯帝国土崩瓦解已经不远……

渗碳硬化（克虏伯硬化法）装甲板。俄国人最初计划让主装甲带的厚度达到270毫米，后来将侧装甲带的厚度进行了细分。实际为水线部位305毫米厚、水线上中层甲板至主甲板区域229毫米、主甲板至上甲板位置203毫米、上甲板至艏楼甲板部位127毫米。另外，侧装甲带的表面再加一层约25毫米厚的镍钢装甲，使侧装甲最厚处达到了330毫米。主防护带钢板通过燕尾状暗榫相互连接在一起，这样可以增强抵抗炮火的能力，同时可以降低后部主防护带钢板在中弹后的变形，那里的钢板安放要和船体框架的走势保持一致。剩余需要保护的区域——横向舱壁、指挥塔和炮塔等，也得到了更好的保护。如此这般改进之后，"尼古拉一世"号的装甲总重量为9454吨，而"玛丽亚女皇"号仅6878吨。

此设计的一个有趣特征是船体水下线形得到了很大改进。由于排水量和体积都比"玛丽亚女皇"号大，俄国人认为有必要为战舰安装27000轴马力的推进系统，以达到21节的最高速度。然而，水下线形的改进，使战舰在减小2000轴马力的情况下仍能达到相同的速度，也就是说采用和"玛丽亚女皇"号完全相同的推进系统即可。与"伊兹梅尔"号的设计相同，这艘战舰也只有一个指挥塔，位于船艏方向的舰桥顶部，后主桅则用来安装探照灯和无线电天线。这也是出于减轻重量方面的考虑。

■ 战列巡洋舰"博罗季诺"号的舰首，该舰是伊兹梅尔级战列巡洋舰中最先完成的一艘，照片中该舰正要下水

　　1913 年年底，俄国共有 12 艘装备 12 英寸或 14 英寸火炮的主力战舰，在建造或即将建造。俄国海军部并不满足现状，他们正在酝酿一个更大的计划：设计一种配备 16 英寸主炮的次代战列舰。这 12 艘战舰具有相似的特征，其主要特征再次被用到了 16 英寸炮战列舰的设计草图中。在 1908—1914 年，俄国战列舰一直沿着一条计划好的主线发展，在这个稳定的发展过程中，前一系列无畏舰设计的优秀特征可以传递到下一代无畏舰的建造中。对此现代的俄国海军史学家沾沾自喜地说，这样就避免了外国无畏舰设计带来的突变因素。然而事实真是这样的吗？

通向下一代战列舰之路

　　俄国无畏舰有几个主要特征，最重要的特点也是最主要的识别特征当属主炮系统。

　　当时在全世界范围内，各国海军正处于"无畏舰狂热"期。欧洲其他国家，比如英国、法国和德国建造的第一代无畏舰中有相当数量存在将主炮塔安装在了侧舷的情况，比如"无畏"号便是如此。德国的第一代战列舰拿骚级更是将6个主炮塔中的4个安装在两舷。这样的设计势必会引起了许多麻烦：

首先，侧舷安装主炮塔，其深入船体的炮座将切开多层甲板，势必严重降低船舶的纵向结构强度。

其次，主炮塔安装在船体两侧，会导致炮塔底部的弹药库直接贴着船体外壳布置，这将大幅度提高中弹后直接危及弹药库的可能性。

最后，由于舰桥阻碍，安装在一侧的主炮塔实际上不能朝另一舷展开射击，这就造成了火力上的严重浪费。

相比这些不成熟的设计，俄国海军的战列舰从一开始就将全部主炮都安装在船体中轴线上，在船舷两侧留下了宽阔的空间。俄国无畏舰也因此避免了其他国家早期战列舰所遭遇的一系列问题。另外俄国人坚持将炮塔均匀分布在船体上，他们认为这会给主炮塔提供宽广的旋转弧，同时亦能将弹药舱分隔得比较开，有效降低殉爆之后可能发生的连锁反应。而三联装炮塔的设计成功本身久是俄国工程师的一件巨大成就，52倍口径的炮管长度超过了当时任何国家的海军炮[①]。

12英寸52倍口径火炮的射弹一开始定为了332千克"1907型"（1907 Model）炮弹，后来采用了更重的"1911型"炮弹。由于仓促上阵，最初采用1911型炮弹的测试情况表现得有些不尽人意。不过这种炮的优异特征使这些问题在测试阶段就被克服了。基本上可以认为，到1914年8月第一次世界大战爆发时，俄国海军拥有的武器是比较出色的。

到1914年年初，为"伊兹梅尔"号设计的14英寸52倍口径炮还没有经过测试。塞瓦斯托波尔级战列舰采用120毫米副炮的特征并没有遗传给后续战舰，从玛丽亚女皇级战舰开始，二级火力都采用了130毫米口径。这些副炮的主要缺点是它们都位于两舷中层甲板上的炮廓内，射界有限且容易受到海况干扰。不过造成这个缺点的主要原因还是因为主炮的安装位置和射界占有最高优先级所致。

[①] 之所以采用这个长度，是因为俄国人经过精确的计算后发现，这样可以最有效地利用推进药燃烧产生的推力，同时又不影响炮管的纵向强度。

■ 试航中的"玛丽亚女皇"号，此时"尼古拉一世"号并未建成，不过可以从该舰的外貌联想一下那艘未成舰的姿态，反正两者的外形相差无几

当时俄国所有战列舰的火控都基于莫斯科维奇（M.A.Moshkovich）、克莱门铁夫（G.M.Klementyev）和诺莫夫（V.G.Naumov）发展出来的指挥仪火控系统，他们三人是圣彼得堡盖斯勒公司（Geysler）的俄国工程师。这是一个随动式（follow the pointer）机电系统，从 1911 年开始应用于俄国大型战舰。主测距仪位于前指挥塔之上，火控中心位于指挥塔之下，其作用是对数据进行计算，计算结果会转为电信号传送至炮塔的距离指示器（range clock）上。另外，在指挥塔前有一个瞭望组，由 1 名军官和 2 名士兵组成。

1913 年，主炮火控指挥仪得到了进一步的改良，因为俄国引进了亚瑟·H.珀伦（Arthur H.Pollen）发明的一种仪器，他是英国雅尔古仪表公司（Argo Clock Co）的工程师。这种仪器具有许多新奇的特征，它基于双近似理论（double approximation），可以产生二维结果（two-dimensional results）。珀伦的理念没能被英国海军部接受，这使俄国有了可乘之机，获得了这项先进技术。先进的指挥系统加上船员的刻苦训练，舰炮取得了优异的射击效果；在 1913—1915 年的实战演习中，对匀速目标的火炮击中，前无畏舰和无畏舰的命中率稳定在 20% ~ 25%，有时甚至能达到 30%。

从塞瓦斯托波尔级战舰开始采用的装甲系统，到"玛丽亚女皇"号时成了标准，这套防御设计理论在俄国是如此深入人心，以至于后来的俄国战列舰

■ "波尔塔瓦"号的早期形态,典型的1916年外观。图中可以看出该舰战时的外形变化,6米测距仪已经从前后塔楼上拆除,改装了"主炮射击指挥仪",拆下的测距仪被安装在第一炮塔和第四炮塔上

设计都采用此标准。虽然俄国无畏舰装甲占总重量的比例一代比一代大,但还远远跟不上火力装置的快速增长。从这个意义上来说,俄国无畏舰远非完美。比较讽刺的是,俄国战列舰的主要缺点和主要优点都是源自主炮塔的布置。海军坚持要求将4个炮塔用平均分配的方式安放在甲板上,这势必会导致上层建筑物的可用空间狭小,另外不必要地延长主装甲带长度也是无法避免的困扰。

在这里有必要提一下防雷系统的设计。俄国海军的战列舰"皇太子"号(Tsesarevich,1899年入役)引入的第一代防鱼雷舱壁厚40毫米,下一代的博罗季诺级战列舰(1901年)也继承了这种舱壁。日俄战争爆发时,俄国舰队中一半的大战舰都安装了防鱼雷舱壁。根据NTC的档案,1906—1908年,俄国考虑了很多防鱼雷舱壁的设计方案。一些方案的构想还非常复杂,对鱼雷和水雷的损害控制分成了3个阶段:一个炸药爆炸能量疏散区间、一个爆炸冲击吸收区间和一个损害控制舱。当时被NTC考虑过的系统都采用纵向装甲舱壁,但是它们都没有被考虑进无畏舰的设计中。在设计"塞瓦斯托波尔"号时,俄国海军专家在纵向防鱼雷装甲舱壁的价值问题上还没有达成一致,俄国人最后决定采用造船用钢。争论的焦点在于防雷系统的重量问题,一个40毫米厚的装甲舱壁至少要增加500吨的重量,而这个重量是很难令人接受的。因为日俄战争中的经验表明,采用普通软钢的隔水舱壁(安装在巡洋舰"帕拉达"号、装甲巡洋舰"巴扬"号、战列舰"列特维赞"号和"胜利"号上)对水下爆炸的抵抗效果,并不逊于"皇太子"号上的40毫米装甲舱壁。

■ 1915年6月22日，战列巡洋舰"伊兹梅尔"号在波罗的海的造船厂下水。该级舰的全部4艘都是在1913年12月9日开工的，然而无一完工。船体被一直保留到20世纪30年代，曾经多次考虑继续建造，但最后还是被拆毁了

　　当然，这种忽视并非俄国所独有，在第一次世界大战爆发之前，各海军强国都忽略了鱼雷防御结构的研发工作，所以俄国的这种态度也不值得大惊小怪。而日俄战争中获得的经验也没能显示出强化装甲隔水舱壁的必要性，这直接影响了 1908—1914 年之间俄国战列舰的设计。公平地说，一些有远见的俄国工程师也确实预见了这个问题，并提出了一些很有意义的理念。但是直到 1915 年，CDNC 才在战列舰上开始鱼雷防御结构的试验工作，直到 1916 年年底第一个完整的设计才宣告出炉。只是那个时候对于俄国来说，已经晚了。在 1908—1914 年，期间设计的俄国无畏舰水下保护装置就是一面没有装甲的纵向隔水舱壁，与船舷平行，底部被固定在双重船底之上，并辅以煤仓里的煤炭作缓冲。与当时的英国（尤其是德国）无畏舰相比，俄国的无畏舰在防鱼雷体系方面还需要大幅度改进，因为俄国战列舰甚至连专用的防雷舱都没有。尽管所有的设计都有防鱼雷网，但战争很快就会证明，这种网在实战中基本是形同虚设。相对来说，水下防御系统最大的改进之处在于前后炮塔之间采用了三重船底。

　　在这段时间内，俄国人在推进系统方面没有取得什么重大的进步革新，因此只能依赖国外提供的最新设备——尤其是帕森斯涡轮（Parsons）和亚罗式小管锅炉。俄国人显然也意识到了全面燃油化的必要性，"伊兹梅尔"号使用煤/油混合燃料锅炉和燃油锅炉，便是一个逐渐向全燃油锅炉演化的过程。

俄国无畏舰有着千篇一律的造型，只能依靠炮塔指向来简单分辨不同的型号。海军工程师们响应 NGS 的指示，对保持战舰侧面轮廓一致性的要求特别留心，因此有这一结果也不足为奇。实际上在那一时期，俄国无畏舰侧影的典型特征就是简洁：4 个主炮塔、2 个烟囱、2 根主桅、1 个或 2 个环绕轻型船桥的指挥塔，这些特征令人过目难忘。前两个系列战舰干舷高度的计算，基于它们都在内海（波罗的海和黑海）服役的事实。到设计"伊兹梅尔"号时，俄国决定建造一支"远洋舰队"，为了增强远洋作战性能，提高了舰艇的出水高度，舰桥之后部分没有改变。

俄国无畏舰具有以下典型特征：很好的主火力系统、采用三联装炮塔、船壳设计先进。推进系统采用了西方的先进技术，并不比其他国家的海军逊色。其装甲的设计确实有独到之处，但是装甲厚度不足是不争的事实。此外，其主要弊端在于缺少鱼雷防御结构。整体来说，从 1908 年开始对塞瓦斯托波尔级战舰的不断改进，使俄国无畏舰独树一帜，简洁的外形很难同其他国家的无畏舰混淆。

1914 年年初，俄国海军当局和海军工程师以他们所掌握的理论、实践经验，开始研制新型 16 英寸火炮战列舰。

俄国海军舰艇的源泉

前面的内容集中讲述了日俄战争之后第一次世界大战之前的俄国战列舰计划，包括在第一次世界大战中投入实战的塞瓦斯托波尔级和玛丽亚女皇级战列舰，以及实际开工建造的伊兹梅尔级战列巡洋舰和"尼古拉一世"号战列舰。然而，在回顾这些巨舰坎坷历程的同时，也不该忽略俄罗斯各造船厂的努力和发展。

俄国要重建战列舰队，前提是必须考虑到国家的工业基础。在 1907 年之前，俄国的造船工业没能被有效组织起来，因此无法高效迅捷地建造大型现代化战舰。在一定程度上，这一缺点反映了当时俄国海军的发展缺少正确的指导方针，以及系统的规划，也说明了此前各海军造船厂都是无组织独立操作的。这种状况造成的后果之一就是俄国战舰计划建造时间的制定很紊乱，另外一个后果就是成本相对太高，从每吨排水量的耗资来说俄国战列舰是当时世界上最贵的。

1906 年，当英国的"无畏"号战列舰建造完毕之后，各主要海军强国掀起了海军建设的热潮，任何一个希望在世界上占有一席之地的国家都无法忽略现代化强大海军的建设。1904—1905 年，日俄战争结束之后的前三年里，俄国的对外政策还没有明确的方向，在此期间他们已经意识到海上力量在将来哪怕是采取守势战略都是必要的。若是没有能够迅速建造现代化战舰的造船工业作为支撑，那么任何新的海军建设计划都不可能付诸实践。一个不能忽略的事实是，在 1909—1914 年，建造强大"战争舰队"的计划是俄国造船业迅速发展的动力。这并不难理解，巨大的无畏舰作为当时科技的最高杰作，也是造船厂建造的最大型船舶，掌握其制造技术对于提高一个船厂乃至一个国家的船舶工业有着非常重要的意义。

笔者并没有关于早期船只建造业发展的详细材料，但是 1913 年制定的方案提供了长期系统的建造计划，也清楚地表明了自 1909 年以来俄国造船工业的进步。

波罗的海船厂和机械制造厂

波罗的海和黑海历来都驻有俄国海军，但是其中只有波罗的海能够通往外海。因为自 1851 年克里木战争之后，就不允许俄国海军的战舰穿越达达尼尔海峡，故黑海舰队无法驶往地中海，以及更远方的海域。因此，俄国海军建设主要集中于波罗的海，其中圣彼得堡是最大的中心。这个城市里既有国有的船厂，也有私人的船厂，有装甲、机械、军火制造业，以及一些研究和设计部门。这里还有海军部和其他一些国家机构，因此成了俄国海军建造的重要决策地。

尽管一战之前波罗的海沿岸还有另外一些大型造船中心，比较著名的有勒维尔的波罗的海人船厂（Russobalt）、贝克公司（Bekker.Co）和诺布莱斯纳船厂（Noblessner），但圣彼得堡依然是规模最大的唯一能够建造现代化主力战舰的城市。1906 年的时候，圣彼得堡大约有 12 家造船厂，公营的、私营的都有。其中规模最大的两家是州立新海军部船厂（New Admiralty）和波罗的海船厂（Baltic Works），也只有这两家造船厂有能力建造战列舰和大型驱逐舰。

另外，这两家船厂既是俄国最大的造船企业，又是历史最悠久的俄国企业，其历史可以追溯到彼得大帝时代①。

为了提高管理及经济调控能力，1908 年，新海军部和加勒内岛造船公司（Galernyi Island）两家最古老的船厂宣布合并了，也就是后来的海军部船厂（Admiralty Yard）。俄国人决定将前加勒内岛船厂的 2 个大型船台用来建造大型战舰的船壳。这 2 个船台都有顶部遮盖棚，第一个建于 1891 年，第二个建于 1901—1906 年。尽管存在空间上的限制，但是有顶棚的遮盖，这 2 个船台非常适合全天候施工。总共有 2 艘俄国无畏舰在这里完成了船体得建造：于 1909 年布下龙骨、1911 年下水的"甘古特"号（Gangut）和"波尔塔瓦"号（Poltava）。不过，1912 年计划建造的 2 艘伊兹梅尔级战列巡洋舰只能在露天船台上进行了（1911—1912 年）。

重建海军部船厂的计划于 1908 年起草，俄国人知道将一个落后企业重建为现代化造船厂需要付出巨大而艰辛的努力。建造计划也包括一个能够同时容纳 2 艘大型战舰检修的封闭式内港。为了实现这一目标，俄国人决定挖深并拓宽冯坦加河（Fontanka River）的右翼，此河是涅瓦河的支流。内港还有一台承重为 6.6 吨的起重机，起重机臂长 5.5 米，用于装配仪器设备、防护板等。此外，还需要修建滑道、铸造车间、发电站等设施。1912 年重建完成后，海军部船厂内并没有引擎及锅炉制造车间，这些工作都由附近一家船厂完成。它是海军部船厂的一个老搭档，也就是法俄船厂。

法俄船厂建于 1792 年，是俄国最古老的企业之一。俄国的第一艘汽船就是在这里建造的，此后它就专门为附近的加勒内岛造船公司、新海军部船厂建造引擎和锅炉。从 1905 年起，法俄船厂也开始承包船用大功率涡轮机的建造工程。

海军部船厂于 1913 年承担起一项新的重要任务，也就是炮塔的设计和制造。海军部长戈利高罗维奇（I.K.Grigorovich）于 1913 年向沙皇汇报说：

"1913 年海军部船厂在装甲制造，尤其是炮塔装甲方面取得了重大进展。

---

① 均是彼得大帝战胜瑞典夺取波罗的海出海口后下令建造的船厂，和当时的俄国首都圣彼得堡同岁。

■ 1911年，圣彼得堡的海军造船厂大型造船车间的内景，战列舰"波尔塔瓦"号后来在1911年6月27日下水

■ 建造完成的"甘古特"号战列舰，照片摄于1914年7月10日

■ 1913年，战列舰"波尔塔瓦"号停泊在海军造船厂的舾装池里。该舰于1914年12月4日完工

我们发现，在 1913 年伊兹梅尔级战列巡洋舰炮塔装置的竞标过程中，私营企业利用它们的垄断性优势，标书的要价都过高。为了避免对它们产生依赖，海军部决定将炮塔建造交给一家国营船厂，也就是海军部船厂作为承包商。立法机构业已通过了划拨相应经费的法案，并于 1913 年 7 月 13 日生效。决定提供 7290790 卢布的经费，用于船厂的休整工作。"

1913 年秋季，此船厂接到了为战列巡洋舰"纳瓦林"号建造 4 座 14 英寸口径三联装炮塔的订单。法国的圣 – 查蒙（Saint–Chamond）船厂将提供技术援助。

由于诸多技术上的改进，到 1913 年，海军部船厂已经能够承担现代化无畏级战舰建造过程中的大部分复杂任务。它变成了一个非常先进的公司，还计划成为俄国主力战舰的主要炮塔建造商。但是一战爆发之后，这个计划一直没能实现。

在圣彼得堡，海军部还拥有另外一个能够建造大型主力战舰的船厂，即波罗的海船厂，其全称为波罗的海造船和机械工厂。克里木战争清晰地揭示了蒸汽动力对于未来战争的重要性，与海军部船厂不同，波罗的海船厂是紧随战争之后于 1856 年由私人创立的，最初目的是建造蒸汽推动的铁船，也包括蒸汽发动机和锅炉的建造设施。

波罗的海船厂位于涅瓦河右岸，正好与海军部船厂隔河相望。1894 年船厂转到海军部旗下，当时它已经是一家大型现代化工厂了，拥有多家造船厂和车间。俄国的最后一艘前无畏舰"沙皇帕维尔一世"号，于 1907 年 9 月 7 日从这里的滑道下水试航；第一艘无畏型战列舰"塞瓦斯托波尔"号于 1911 年 5 月 29 日在这里布下龙骨。这艘新的战舰比"沙皇帕维尔一世"号长 40 米（131 英尺）左右，船台滑道几乎都容纳不下这具巨大的船体。"塞瓦斯托波尔"号下水之后，原来的滑道就被拆掉了，于 1911—1912 年重新修建，战列巡洋舰"伊兹梅尔"号于 1912 年 12 月在此布下龙骨。在石滑道近旁曾有一个很大的封闭式木质滑道，1908 年其被拆除，取而代之的是一个开放式滑道，"塞瓦斯托波尔"号的姊妹舰"彼得罗巴甫洛夫斯克"号在此开工。这艘战舰于 1911 年下水之后，滑道的宽度增加到了 33 米（108 英尺），并装配 1 架载重 10 吨的升降机。1912 年 12 月，"伊兹梅尔"号的姊妹舰"金本"号在此布下龙骨。因此，到了 1912 年的时候，海军部船厂和波罗的海船厂分别拥有了 2 个大的石滑道，它们都是俄国最大的，完全有能力建造当时最大的无畏型战舰。

从 1895 年起，波罗的海船厂有能力建造船只的辅助设备和船用电动机，同时也开始建造贝勒维尔式锅炉，船厂的设计部门对其进行了很多改进。后来在日俄战争中活跃于符拉迪沃斯托克分舰队的装甲巡洋舰"俄罗斯"号，是第 1 艘采用贝勒维尔式锅炉的俄国战舰它于 1897 年由波罗的海船厂建造完成。

1908 年，在为"塞瓦斯托波尔"号和"彼得罗巴甫洛夫斯克"号的建造工作做准备时，波罗的海船厂在涡轮机的建造方面进行了一系列必要的改进。为了实现涡轮机的转子、桨叶小装置的机械化生产，又修建了一个大型附件车间。它里面有车床、凿具、刨床和凿榫机，有的装置重量能达到 250 吨。还有 1 架载重 60 吨的升降机，专用于移动涡轮装置。铸造车间有一个 5 吨的熔炉用于生产大型铸件。

根据计划，战列巡洋舰"伊兹梅尔"号和"金本"号上发电装置的功率，相当于早期战列舰的 1.5 倍（66000 轴马力 /42000 轴马力）。1912 年又计划对涡轮车间进一步改进。

为了使海军部船厂和波罗的海船厂的潜力得到最大限度的发挥，同时也出于一定的行政目的，海军部于 1911 年将两个船厂合并。这一合并带来的最有利的结果是形成了一个联合设计室（Joint Design Bureau），主任是前波罗的海船厂的首席设计师马特斯（V. R. Mattes）。他的副手马斯洛夫（A. I. Maslov）被任命为联合设计室的首席助理，马斯洛夫后于 1916—1917 年接替马特斯成为联合设计室主任。联合设计室分为三个主要部门：船只建造部（87人）、机械部（104 人）、电器部（22 人）。波罗的海船厂及其设计师布勃诺夫的口碑都非常好，1908—1909 年他们设计出了塞瓦斯托波尔号等无畏级战舰，现在的新组织也是全俄国的战舰设计中心。

1913 年，圣彼得堡的船厂已经有能力建造最先进的战舰了，这也是一个大型战舰建造计划的一部分。海军部船厂和波罗的海船厂聚集了众多经验丰富的造船工人、高级设计人员，而他们统一由海军部指挥。这对于战列舰的建造来说，是一个非常重要的决定。当时海军建设总局拥有俄国最大的 4 个滑道，建造 1 艘主力战舰需要大约 2 年的时间，当然这会随着战舰级别不同而上下浮动，而 4 个大型滑道完全能够保证《海军法》范畴内的主力战舰计划顺利进行。

普提洛夫船厂（Putilovskii）也有能力建造主力战舰，如果不提到它，关于圣彼得堡造船业的叙述就不算完整。这个公司成立于 1801 年，起初主要是做军火生意。1868 年它被普提洛夫收购，此后迅速发展为大型机械和钢铁企业。到世纪之交时，普提洛夫船厂已经是全俄国最大的工业公司，生产许多军用和民用产品。1887 年它首次涉足战舰制造业，建造了 2 艘鱼雷艇——"比尔科"号（Bierke）和"罗彻萨姆"号（Rochensalm），其排水量均为 81 吨。1890 年又建造了 2 艘排水量相同的鱼雷艇，"加普萨尔"号（Gapsal）和"穆祖得"号（Moonzund），1894 年还建造了另外 2 艘。到 1905 年日俄战争渐进尾声时，它收到了一批小型和中型战舰的订单，包括著名的"诺维科"号驱逐舰（一战前世界上最快的驱逐舰之一）。

1912 年，意识到国有船厂可能无法满足大型海军扩张计划的要求，同时发现建造战舰有利可图之后，普提洛夫船厂认真制订了一些海军建造计划。

于 1912 年，公司发表了一本名为《普提洛夫船厂为满足海军建造需求而制订的扩张计划》的书，其中直率地写道：

　　"了解了俄国海军在过去 2 年中为重建而做出的种种努力，并意识到海军部的领导者们迫切需要一个行之有效的建造计划后，普提洛夫船厂的董事会决定，我们必须做好必要准备，以随时为国家效力……

　　"考虑到国有船厂的装备、生产效率、规划能力以及规模之后，董事会得出结论，认为海军部迟早会认识到如果没有私营工业的支援，根本无法完成建造计划……"

　　上述关于海军部船厂和波罗的海船厂生产能力的评价大致正确。为了建造大型无畏级战舰外壳，他们需要更为宽广的土地，但他们的扩张计划由于附近的城市建筑物而无法实现。相反的，普提洛夫船厂却于 1910 年在船厂周边购置了 80 公顷（约 188 英亩）土地，并且立即开始了扩张计划。到 1911 年 4 月新的《海军法》出炉时，那一决定的明智之处就更加显露无遗了，2 个月后，俄国人又制订了更艰巨的战舰建造计划。普提洛夫船厂的位置非常理想，新购置的土地位于主河道上，比所有大桥都低，处于未来的商务港中心。在德国布洛姆－福斯船厂提供技术支援的情况下，他们希望这个现代化船厂能够承接 10 年建造计划中，国有船厂无法完成的战舰建造任务。

　　船厂拥有能够分别容纳大型、中型和小型战舰的滑道。他们首先建造了一个大型的双滑道，分别装配了 8 台桥式起重机，每台载重量为 7.5 吨。空间尺寸为 252 米（827 英尺）×76 米（249 英尺）×37 米（121 英尺）顶层余隙，能够同时容纳 2 艘主力战舰或者 1 艘主力战舰外加 2 艘驱逐舰。起重机可以从一个滑道移往另外一个，因此能够集中在最需要的地方。经计算这个工厂每年能够生产 1 万吨钢材，这意味着理论上来说每年都有 1 艘主力战舰下水。双滑道于 1914 年竣工，大约到 1913 年秋季就可以开始用来布置龙骨了。

　　除去船台滑道之外，船厂还建造了锅炉车间和涡轮车间，它们每年能为 1 艘

■ 1912 年，普提洛夫船厂的新炮塔车间正在建造中

■ 在圣彼得堡的海军部造船厂，一台30吨级的起重机正在为战列舰"甘古特"号吊装主装甲带

战列舰或战列巡洋舰，1艘轻巡洋舰，或者4艘驱逐舰提供机械装置。

　　普提洛夫船厂不仅计划建造船体和机械装置，还期望能够建造炮塔和炮舰，不单是为他们自己建造的战舰生产，还要为其他船厂的战舰生产。自1896年在岸防战列舰"阿普拉克辛海军元帅"号（General Admiral Apraksin）上安装了电机驱动的主炮塔之后，这一方面就成了他们的特长。他们还为战列舰"胜利"号、"苏沃洛夫公爵"号（Knyaz Souvorov）和"沙皇亚历山大二世"号（Imperator Aleksandr II）建造了炮塔，后来建造新的无畏舰时，还为"沙皇亚历山大三世"号（Imperator Aleksandr III，隶属黑海舰队）和"甘古特"号提供了三联装炮塔。

　　1911年年初，普提洛夫船厂又开始建造一个新的炮塔车间，1912年秋完工。车间中部能够同时装配6座炮塔，有2架80吨和2架10吨的升降机可为之服务。此外还有个大的圆柱形深井，深10.7米（35英尺），直径10.7米，可从底下装配炮塔。这一车间每年能够生产4座最大口径的炮塔，又因为每建造1门炮塔需要 2 ~ 3 个月的时间，因此平时有 8 ~ 12 座在建炮塔。

此外，他们不满足于仅仅生产炮塔。在对大口径海军炮的生产进行详细研究之后，他们决定也进行这方面的建造。他们对这一行业的方方面面都摸索了一番，包括冶金和机械的问题在内。

他们计划与经验丰富的法国施耐德公司联合建造大口径火炮生产车间，期望每年能够建造 24 门 12 英寸口径炮、8 门 14 英寸口径炮或 12 门 16 英寸口径炮。根据合约要求，施耐德公司负责组装设备、建立车间，可以从车间的收益中享受分红。他们还计划在收到海军部第一批订单之后，开始建造重炮车间。预期生意非常可观，估计将建造 100 门以上的 12 英寸炮或 14 英寸炮。

因此，为建造最大的战舰，普提洛夫船厂的车间涵盖了船体建造、机械装置、军火等方面。

黑海——船厂和机械制造厂

1910 年，土耳其为了提高海军装备而决定引进无畏级战列舰，他们向欧洲顶尖的造船厂伸出了橄榄枝。1911 年 7 月，其与英国维克斯公司签订了合同。为了回应土耳其这一明显的备战政策，俄国海军总参谋部于 1911 年春制定了加强黑海舰队的计划。

计划包括 3 艘无畏级战列舰，不过事实证明这一计划最难的部分在于选择合适的造船厂。规模最大的国有海军部船厂和私有海军船厂都在尼科拉夫（Nikolaev），尽管他们曾为黑海舰队生产过几乎所有的前无畏舰，但除非要对新型战列舰的设计进行重大修整，否则他们根本无法建造这种装备。

两家船厂中，"尼科拉夫工厂和船厂协会"（Society of Works &Yards of Nikolaev，一般简称为海军船厂）的工业生产能力更胜一筹。它创建于 1895 年，始终遵循现代化原则努力发展。起初这家公司属比利时所有，占地 58 公顷（143 英亩），部分属于自有，另一部分属于租借。这片土地毗邻南布格河，河流宽约 2200 米，而且非常深，是一个理想的造船场所。滑道连同机械车间、工程车间、铸造间、锅炉车间同时起建，在大约 2 年时间内建造完毕。

海军船厂为建造大型战舰预备了 2 个滑台，它们并排在一个滑道上，尺寸为 135 米 ×60 米 ×32 米（429 英尺 ×197 英尺 ×105 英尺），是当时欧洲规模最大的。不幸的是，海军船厂并没有立即收到任何主力战舰的订单，不过船厂为 3 艘前无畏舰"波将金"号、"叶斯塔菲"号、"伊万·扎拉图斯特"号建造了炮塔和推进设备，最后的一艘于 1910 年建造完毕。

1911 年，收到无畏级战舰"叶卡捷琳娜二世"号（Ekaterina II，同年晚些时候更名为"沙皇叶卡捷琳娜·维莉卡娅"号，Imperatritsa Ekaterina Velikaya）的订单后，立即开始对船厂进行现代化改建。英国维克斯公司将担任这个俄国公司的技术顾问，为其提供技术援助。当时，尼科拉夫工厂和船厂协会在不更改原名的条件下转变成了股份公司，维克斯公司还为其提供了最新式的高效机械设施。因此，1912 年年末至 1913 年年初，造船部（Shipbuilding Department）已彻底完成了现代化改造，它的面积也翻番达到了 120 公顷（297英亩）。在重建过程中，船厂与一些辅助机构仍然保持着合作关系，但是对于外界的依赖性越来越小。除去大炮和装甲以外，主要设备、辅助机械、炮塔和其他设施都是由船厂自行建造的。

他们沿着有顶篷的 2 个并列船台，重建了一个较小的露天船台，船台长度增加到了 166 米（545 英尺）。原来有顶篷的船台只有一台悬臂式起重机，现在露天滑台四周安装了 5 台动臂式起重机，每台的起重量为 3 吨。1912 年一个新的大型船只装配内港竣工，它有筑堤和水上平台。内港中有一个载重150 吨的浮动蒸汽起重机，专门为正在装配的船只安装较重设施。这种起重机是德国制造的，产自鲁尔工业区的杜伊斯堡（Duisburg）。它被分解后运到尼科拉夫，在德国工程师的帮助下完成组装。

建造无畏级战列舰还需要一些新的设施。为前无畏舰装配炮塔的混凝土地坑直径约 10 米（33 英尺），深约 7 米（23 英尺），这对于无畏级战列舰来说实在是太小了。新的炮塔建造基地于 1912 年完成，它与之前建造的舰楼基地相邻，与锅炉车间相连。自 1912 年到 1917 年，无畏舰"沙皇叶卡捷琳娜·维莉卡娅"号、"玛丽亚女皇"号和尚未建成的"尼古拉一世"号的炮塔都是在此建造。

在 1911 年以前，俄国国内的企业还没有能力生产战列舰用的大功率涡轮机，所以当时的战列舰用涡轮机都是委托英国的约翰·布朗公司生产，然后散件运往俄国重新组装。为了方便组装，在主机械车间北侧建造了一个新的车间。

海军船厂建造的所有战列舰，还有鲁苏德（Russud）公司建造的"玛丽亚女皇"号和"沙皇亚历山大二世"号都是在此完成涡轮组装。1916年又建造了一个车间，完成了其他一些计划好的建造行动。

当时还有另外的建造项目——一个拥有3个大型平炉的铸钢车间，3个平炉容量分别为7吨、20吨和40吨。车间于1914年起建，1915年修建完毕，到1916年8月平炉也完工。这样一来，海军船厂不仅能够建造无畏舰的船体，还可以建造和浇注无畏舰所需的机械、炮架装置。

鲁苏德公司是黑海海域又一个有能力建造现代化战列舰的公司，它的出现与1910年对国有船厂进行的一份调查有关。当时他们意识到塞瓦斯托波尔和尼科拉夫的国有船厂都没有能力建造现代化主力战舰，海军技术委员会向海军部副部长进行了汇报，说黑海船厂无法按照NGS的要求在32个月的时间内建造出战列舰。

为了摆脱这一困境，海军技术委员会建议将尼科拉夫的海军部船厂租借

■ 1916年10月5日，在黑海的尼科拉夫海军船坞，战列舰"沙皇尼古拉一世"号正在下水

给私人公司，私人公司必须以最先进的技术和最快的速度建造出质量最好的战舰。其中最有名的建议是由俄国造船联会（Russian Shipbuilding Society，鲁苏德公司的后台）向海军部长格利高罗维奇提出的，它被准许获得该公司25年的免费租赁。

除了取得租赁权以外，鲁苏德公司在获得经费方面也有很高的优先权，因此它能够对船厂进行紧急重建。这一切都是在短短6个月的时间内完成的：原本在因沽尔河（Ingul）的左侧曾有一些木制船台，现在它们已经被新的大

■ 1915年，战列舰"玛丽亚女皇"号在尼科拉夫的俄国造船公司船坞完成舾装，该舰1913年10月19日下水，1915年6月23日完工

型钢柱双滑道取代。两侧都有动臂式起重机，旁边建了一个造船车间。

1912 年年底，维克斯公司常务董事欧文斯（G. Owens）到了尼科拉夫，视察海军船厂在维克斯公司工程师们指导下的装备安装情况。期间他顺便参观了附近的鲁苏德船厂，对他们的装配、工作方式等印象深刻，最令他吃惊的是鲁苏德船厂给出的报价。就性价比而言，该船厂建造的船舶要比英国维克斯公司生产的同类产品价格低 15% ~ 20%。这对于一个新装配且尚未完工的船厂来说，确实非常难得，可见就算同英国著名的老公司相比该厂仍具有很强大的竞争力。

在 1915 年的时候，海军船厂和鲁苏德船厂合并。主导这一举措的是海军，海军方面认为这一举措能够减少不必要的管理开支，进一步降低造船成本。合并之后的公司是俄国南部规模最大的船厂，称为"海军－鲁苏德联合船厂"（Trust Naval-Russud）。到了 1916 年，各方面的合并都已完成。当时，海军船厂已经倾向于专业做工程机械和炮塔生产，而鲁苏德（公司）专门负责船体的建造工作。

⟶ 帝国的余晖 ⟵

足够的外部刺激因素、庞大的建设资金、坚定的决心，在 1911 年的时候任何人都不会怀疑俄罗斯海军即将复兴！

但历史开了一个巨大的玩笑，在罗曼诺夫王朝日落西山之时，俄罗斯帝国的海上力量达到了前所未有的巅峰。俄国的农民涌入城市寻找工作。没错，在帝国的暮色中，经济是繁荣的，俄罗斯的大小城市内充斥着各种各样的工作机会，各大行业兴旺发达。然而，和足以保障海军发展的法律相对应的，是毫无保障可言的俄国市民。在一片繁荣的景象中，他们能轻易找到工作。然而，不管到哪里都无法躲开雇主们血腥的盘剥。"无产者"这个概念，在俄罗斯的土地上得到了最真实的体现。

当然，笔者无意在此处阐述这种奇特的社会现象，这已经大大地超出了我们叙述的范围。那么，回到主题上，让我们看一看俄国的工业机器是怎么缔造这支"皇帝的舰队"的。

舰炮生产状况

俄国海军部于 1907 年制定新式战列舰的建造计划时，便已经意识到俄国国内舰载重型火炮生产能力方面的缺口，可能会成为未来海军扩张的主要障碍之一。当时，俄国尚不具备大规模生产大口径舰炮的条件。外购是一个可缓一时之急的权宜之计，但海军认为在相当长的时间内，新式战列舰的炮弹供应必须依赖海外的供给。对日战争的诸多教训之一便是武器装备尽可能实现国产化，以便在战时不会受制于人，所以在思考如何克服这个主要障碍的时候，海军第一个摒弃的就是外购这一便捷手段，虽然通过前文的叙述我们也知道，他们后来还是这么干了……

俄罗斯生产火炮的历史非常悠久，这可以从俄国保存至今的那尊铸于 1586 年的火绳炮上看出来[①]。在 19 世纪 70 年代，当安装横契式炮闩的后装

■ 试制的52倍径14英寸舰炮，可发射重达747公斤的重型炮弹

[①] 俄国人称之为"炮王"，铸于 1586 年，炮身重 40 吨，炮口直径 890 毫米，据称可以发射 2 吨重的实弹。不过该炮自铸成以来从未发射过实弹，从炮管壁厚度来看似乎也不能用来进行实弹发射，更多的是一种象征。历史上"炮王"曾被俄国的敌人掳走，后来又被俄国政府赎回，现陈列于克里姆林宫内。

■ 陈列在克里姆林宫内的"炮王"，但该炮从未发射过

线膛炮出现时，意识到其具有革命性进步的俄国奥布霍夫军工厂紧跟步伐，
开始仿制这种新式武器。从起步的时间上看，俄罗斯相比英国、奥地利等传
统军火工业强国并不落后，但从总体上来说直到日俄战争结束时，俄国在火
炮铸造领域只能处于列强中的二流水准，甚至不是二流中顶尖的。这是因为
在汲取日俄战争教训之前，军工企业的运转和研发得不到政府的有力支持，
各企业长时间处于"散养"状态，到处讨生活，多数时间只能按照市场的需
求来进行发展。在 20 世纪初期，俄国境内只有两家企业可以铸炮：位于圣彼
得堡的奥布霍夫军工厂可以铸造大口径舰炮；位于彼尔姆的海军工厂可以生
产中小口径舰炮。另外，圣彼得堡金属铸造公司（St. Petersburg Metallic Works
Company）虽然拥有雄厚的技术实力，理论上完全可以胜任铸造大口径舰炮的
工作，但是该企业缺少官方背景，一直在民用金属制品领域摸爬滚打，对军
工项目缺乏热情。

　　到了 1907 年年末，俄国在化学、冶金和铸造方面已经有了突飞猛进的发展，
加上在 1903—1905 年日俄战争中得到的教训，俄国对大口径火炮在海军行动
中的地位有了新的认识。重建海军战列舰队已经成为确定的事宜，那么尽快
完善和战列舰队息息相关的大口径舰炮铸造能力，就成为海军重建的几个核

心工程之一。

无畏舰和前无畏舰并不是一码事，就铸炮方面来说，虽然各国的第一代无畏舰多半与当时最先进的前无畏舰配备同一种大口径主炮，但是无畏舰所需要的主炮数量远多于后者。当俄国无畏舰队中的第一个型号，4 艘塞瓦斯托波尔级的最终设计被敲定时，对大口径舰载火炮的需求量达到了 48 门。这差不多是日俄战争前 8 年中，俄国建造的全部前无畏舰所需的 12 英寸炮数量的总和，这 48 尊炮足够武装 12 艘前无畏舰。而海军给出的生产期限只有不到 4 年。众所周知，大口径舰炮的生产周期漫长，技术复杂，若不尽快提高俄国国内铸炮厂的生产效率，俄罗斯海军寄予厚望的新式战列舰将有可能处于船等炮的尴尬境地。

在 1908 年，现有的俄国军工企业难以应对这样的需求。就当前实际需求来看，以每 2 年开工建造 2 艘新式无畏舰的方式构筑海军无畏舰队，意味着每年必须提供 12 根战列舰主炮身管[①]，如果算上 50% 的备用身管，那么海军兵工厂为海军铸造的主炮身管数目就达到了 18 根。短期内爆发式的需求增长使俄国落后的武器工业倍感压力，日俄战争结束后，持续数年的武器采购低谷又使仅有的 2 家生产厂商处于半死不活的状态，一时难以开足马力运转。在 1908 年年初，曾有一份报告指出，当时俄国国内唯一可以生产 12 英寸舰炮的奥布霍夫军工厂即使开足马力，也只能提供每年 12 根炮身的生产保障，也就是说只不过是勉强够用罢了。至于那"应该"有的 50% 的身管备份，门都没有。报告的最后建议海军当局，应当尽快着手更新奥布霍夫军工厂的设备，增设新的铸炮车间，甚至是建造其他可以执行同类任务的新厂。当然，这同时也意味着数以百万计卢布的建设和设备引进费用。

海军的经费得来不易，这几年来已经在和杜马扯皮中深感厌烦的海军部，在听到"额外开支"这几个字后就感到头大。强行摊派指标，要求工厂增产的意见在海军内并非没有，但是稍有常识的人都会知道这是极其荒唐的——尽管在几十年后俄国于危急时刻，以"肉体消灭"为威胁，强迫兵工厂造出超

---

① 塞瓦斯托波尔级战列舰和博罗季诺级战列巡洋舰都安装了 12 门 12 英寸主炮，俄国海军似乎对为战列舰配备 4 个三联装炮塔情有独钟。

■ 安装12门14英寸主炮的伊兹梅尔级战列巡洋舰，俄罗斯海军超级主力舰计划中最"有谱"的一个型号。如果不是俄国发生了内乱，该级的4艘舰艇都是能够建成的。不过，这一型号的战列巡洋舰存在着非常大的缺陷，海军方面极端地追求火力最大化，以至于准备在3万吨的船体上安装4个三联装14英寸炮塔。该舰实际完成后很有可能会因为超重而遭遇严重事故

越其生产能力的产品，最后也确实做到了。那些为了保住身家性命的工厂负责人常常下令工人尽可能地节省工序简化工艺，最后以一堆勉强能用的残次品换来了指标的完成。但舰艇用的大口径主炮不同于步枪或者坦克，一支容易卡壳的步枪或者一辆配备了不合格装甲板的坦克还能凑合着使用，要是一根大口径主炮身管的质量有问题，又有谁敢用它进行实弹发射呢？实际上，每年提供18门炮身只是一个过渡阶段的数字。若真像《海军法》中构想的那样，在10年甚至15年中可能出现的"终极状态"的俄罗斯海军战列队，将会是一支拥有200门14英寸或16英寸主炮的庞大海上力量。整整200门炮，如果算上那50%的备份炮管数，这个数字还要再乘以1.5，也就是说总共需要300门炮。在未来，俄国海军可能面临着每年制造或筹集30门主炮的艰巨任务，并且不再会是目前这些"袖珍"的12英寸炮，而是铸造难度更大、生产工艺更复杂、加工周期更漫长的14英寸甚至16英寸炮。显然不论愿意还是不愿意，这笔额外支出是花定了。

俄国海军对下属工厂的技术改造，并不全是临到《海军法》实施前才想

到"抱佛脚"。对奥布霍夫军工厂的扩建工作早在 1905 年就已经开始了，最初的改进集中在如何加强 12 英寸炮的生产，引进新的生产工艺和生产设备上。此乃为了满足当时对日战争的需要——说白了就是为了日俄战争而"抱佛脚"。不过，随着 1905 年年中开始的停战，以及之后合约的签署，这项工程便发展成了后来海军重炮计划的铺垫，一个小小的过渡。俄罗斯海军的最终目的是建设一整套当时最先进的火炮生产设施，以满足其拥有配备 16 英寸主炮之超级战列舰的野心。当然这些工作说着容易做起来难，几十个字叙述的内容还原到历史上，也许就是数千人数百万卢布，以及多年的艰辛工作。且莫说 16 英寸炮，完成从 12 英寸口径到 14 英寸口径的跳跃，所要面临的技术风险和难度，就远非我等外行能理解的。举例来说，仅生产方面，14 英寸 52 倍口径炮的制造总共涉及 30 道工艺，以不同铸造方式来区别，其耗费的时间可能会在 6 个月到 18 个月之间。

总而言之，到了 1909 年，海军部对大口径主炮生产状况的重要性和复杂性已经有了充分的认识，并决心从并不充裕的经费中挤出足够多的卢布，来解决这个涉及无畏舰之根本的问题。

显然，奥布霍夫军工厂是整个计划的核心，为了满足海军的武器需求，俄国政府下定决心斥资予以扩建。对奥布霍夫扩建的规模之大，几乎可以将其视为一个重建计划。在 16 个月内，海军从英国、德国、奥地利大量引进最先进的设备，聘请最好的工程师，以及冶金、铸炮方面的专家来俄国进行现场指导。此外，位于彼尔姆的国有军工厂也会得到升级，在接收来自奥布霍夫军工厂的一些较旧机械并引进部分设备之后，预计该工厂将具备铸造和镗制 12 英寸炮的能力。

只采取这两项措施是不够的，鉴于可以预见的舰炮口径增大的趋势，以及随之而来的工期增加的结果，建设新的铸炮工厂在所难免。此外因地理限制，俄罗斯的出海口互不沟通，为了满足黑海舰队的需要在南方建造新厂也是必须的。于是俄国政府决定在察里津（Tsaritsin，也拼作 Tasaritsyn，后更名斯大林格勒，今伏尔加格勒）建设一座全新的专门用来生产各种火炮，特别是大口径舰炮的铸炮工厂。新军工厂有一个在中国人看来非常土气的名称——"俄国军工股份合作社"（Russian Joint-Stock Society of Ordnance Plants，俄语简称

■ 一门14英寸52倍径大炮在测试场，此时大炮的射击角度很大

■ 测试中的14英寸52倍径大炮正处于水平状态，炮尾的起重机是用来装填炮弹的

RAOAZ），该"社"是俄国海军与英国维克斯造船厂合资设立的。之所以会选择察里津，是因为该地和彼尔姆一样，具备地理位置、经济体系乃至战略上的三重优势。察里津毗邻乌拉尔山脉一带的原材料和燃料基地，距离顿巴斯（Donbass）的煤矿和克里沃罗格（Krivoi Rog）的钢铁制造业基地不远。最重要的是，察里津位于世界上通航里程最长的河流伏尔加河畔，在这条贯通俄国南北航运动脉的咽喉之上[1]，交通运输极为便利。可以相信不久的将来[2]，新兴的 RAOAZ 在各种前沿武器的制造方面会遥遥领先于奥布霍夫军工厂。

奥布霍夫军工厂

从对奥布霍夫军工厂进行大规模的成套技术设备改造，一直到筹措建立新的 RAOAZ，时间已经从 1908 年走到了 1913 年年末。尽管在俄国人的计划表上，RAOAZ 的第一个车间应该在 1914 年年末开工运转，但是我们都知道，那个时候，俄国已经被卷入了规模浩大的世界大战之中。所以实际上，大凡后来真正建成的那些个俄国无畏舰，其配备的重炮都是由奥布霍夫军工厂生产的。所以，我们不妨回过头来简单介绍下奥布霍夫军工厂。

1860 年年初在沙皇和海军的资助下，奥布霍夫军工厂由商人普提洛夫（N.I.Putilov）和俄罗斯天才冶金工程师奥布霍夫（P.M.Obukhov）创建起来。这家工厂的初始目的是为了减轻俄国对外国资源的依赖，尽可能地利用本国资源生产钢制线膛炮。工厂于 1863 年修建在了圣彼得堡以东 12 公里的涅瓦河畔。设立这家兵工厂的"本钱"，乃是奥布霍夫发明的一种新的铸炮工艺，其效率之高使当时还属于铸炮领域新手的奥布霍夫军工厂，在生产速度上不低于德国的克虏伯公司（俄国的重要武器供应商，此前的火炮几乎都是在这家公司订购的）。这家工厂的最大受益者是俄国海军，后来海军部从奥布霍夫军工厂购买的大炮虽然在工艺上比德国货略差，但是比直接从克虏伯公司购买的同类产品省去了三分之二的费用，实在是个大实惠。也是因为这个，俄国军方成了奥布霍夫军工厂的大主顾，陆军一度把所有火炮的生产工作都交

---

[1] 察里津素有"伏尔加河之钥"的别号。
[2] 这个"将来"要等到苏联时代才会到来。

■ 奥布霍夫工厂火炮生产车间内，加工中的12英寸炮，可能是40倍径的

给奥布霍夫军工厂来完成，事实也证明了该厂产品和奥布霍夫铸造法的可靠性。由于这个良好开端，在1865年的时候，俄国政府决定将该公司的所有权拿下，为此政府花了一笔大钱从普提洛夫和奥布霍夫那儿将工厂买到手。

1872年，海军和奥布霍夫军工厂有了往来，工厂方面开始为俄国海军生产舰载火炮。到了19世纪90年代，工厂的重心又从海军重炮转移到了陆军炮、鱼雷、水雷、炮弹和炮架上。20世纪初，工厂的产品范围更是扩大到了装甲钢板等领域。1912年7月1日，也就是建厂约半个世纪之后，这座工厂已为俄国生产了几乎所有的海军火炮和超过半数的陆军炮，总共达13203门，口径从0.5英寸到16英寸不等[1]。

在日俄战争刚刚结束的那段时间里，奥布霍夫军工厂的订货急剧减少，尽管订单稀少、利润下滑，工厂还是在继续重建各个车间——尤其是电力铸造车间、军械车间和炮弹车间——以跟上技术发展的步伐，这也是基于1905年海军和厂方的协议。不幸的是，由于战争结束海军失去了原本用来支持工厂

---

[1] 当时曾试制过几尊16英寸口径的样炮。

■ 奥布霍夫工厂的9号车间。在图中显眼的位置可以看见一门炮尾敞开的12英寸52倍径炮，一门12英寸40倍径炮躺在其左侧。用于加工长身管大炮炮管内侧的巨型工具就安装在墙根处。可以看见远处还有一批6英寸45倍径大炮正在等待安装炮尾的机械设施

扩建的拨款，这些重建工作的花费多数被转移给了厂方，导致了奥布霍夫工厂在短期内聚集了大量的债务，沉重的负担严重制约了工厂的发展。

　　俄国海军非常清楚奥布霍夫军工厂的价值，作为塞瓦斯托波尔级无畏舰建造计划的重要构成部分，当时俄国唯一能生产大口径舰炮的奥布霍夫军工厂成了毫无疑问的武器供应商。对于有着重要意义的"国有资产"，俄国官方历来是出手大方。在 1910 年至 1911 年，工厂方面从俄国政府那里得到了2751000 卢布（当时 1 卢布兑换 50 美分）的巨额财政补贴，厂方用这笔钱迅速清偿了全部债务。1911 年 6 月，工厂方面又得到了 1657000 卢布用于增强军械制造、电力铸造和炮弹加工能力。另外，工厂还得到了 366000 卢布用于建造和装配 12 英寸三联炮塔的车间。

　　出于服从海军生产计划方面的考虑，工厂腾出了原来的装甲板制造车间，此车间原有的人员和设备都转移到了伊兹霍尔斯基船厂（Izhorskii Works，位于圣彼得堡南部），全力生产火炮以及炮塔，而这个装甲板制造车间本身被赋予了别的用途。

　　在 1911 年年中，原来的装甲板制造车间进行了改造，改造工作于次年 2

■ 一门安装在炮架中的1908年型12英寸52倍径大炮，正处于完全后座的状态

月完成。改造后的车间被称为 9 号车间（Department IX）——新的军械制造车间。该车间和前装甲强化车间——现在的 10 号车间（Department X）都装配了最先进的进口设备。除了这 2 个车间之外，工厂内还有 2 个车间是新建的，分别为炮塔装配车间和炮弹生产车间。炮塔装配车间内有 4 个大型装配井用于整个炮塔的装配工作，意味着这个车间可以同时进行最多 4 座炮塔——即 1 艘俄国战列舰全部炮塔的装配工作。重建之前的奥布霍夫军工厂每年可以生产 12 门 12 英寸炮，在重建之后，理论上每年可生产 36 门 12 英寸 52 倍口径"1908 型"火炮。在这以后，由于生产工艺的进一步改进和设备的升级，至 1912 年其实际生产能力已达到了年产 40 门火炮的地步。

　　在工厂重建工作开始不久，海军内就有人提议将后续新战列舰和战列巡洋舰的主炮口径增加至 14 英寸，当时俄国国内能承担这个任务的首选还是奥布霍夫军工厂。从 12 英寸过渡到 14 英寸意味着巨大的改进和全新的工作，折合成实际的转变就是需要更多的金钱。为此在 1912 年 6 月 23 日，工厂又得到官方约 175000 卢布的资助，这笔钱虽然不多，但工厂在之前全面扩建时

■ 位于圣彼得堡的海军建设总局办公楼，该机构类似于英国海军内的造船局，但权力并不及造船局大，一般只进行一些规划性作业

便已经考虑到了制造更大口径火炮的技术储备，这笔钱只不过是用来对设备和生产线进行必要的调整。随后，俄国官方指标到来了——要求工厂每年为海军铸造和镗制 36 门重炮，为陆军制造 12 门重炮。在 1913 年 7 月的时候，厂方又得到了 75 万卢布的拨款，用来加深和加大炮塔装配车间内的安装井。此外还需要添置一些更大功率的起重机与能起重 150 吨重物的大型龙门吊，以便为当时正在进行船体建造的伊兹梅尔级战列巡洋舰装配巨大的 14 英寸三联装炮塔。

整个 1913 年新设施的建造工作如火如荼。充足的拨款使工厂的建设非常顺利。另外，工厂的各级雇员、工人等，对于收入和薪资待遇甚为满意，所以整个工程在 1914 年春，世界大战打响之前顺利完成。奥布霍夫军工厂一跃成为当时世界上一流的军械制造企业，达到了每年生产 72 门 12 英寸 52 倍口径炮的能力，如果转产更大口径的 14 英寸或者 16 英寸重炮，那么产能分别为 36 门（14 英寸）或 12 门（16 英寸）。另外小口径炮，比如 6 英寸口径炮、5 英寸口径炮或者用作巡洋舰主炮的 8 英寸口径炮的年产能力，更是达到了180 门。

　　奥布霍夫军工厂内还设有专门的弹药生产车间，主要生产 12 英寸主炮配套的相关弹药。有关 12 英寸舰炮的弹药生产情况不明，很多资料和账册遗失在俄国革命期间，已知的是至少在 1911 年之前，工厂还没有开始制造 14 英寸和 16 英寸炮弹。目前笔者只知晓 12 英寸炮弹的产量在经过全面改造之后大幅度增加，这从俄国海军的订购记录上就能直接反映出来。根据 1914 年的数据，奥布霍夫军工厂的年生产能力为：1600 枚 16 英寸口径炮弹或 2000 枚 14 英寸口径炮弹，其中 25% 为对舰攻击用的风帽穿甲弹；3200 枚 12 英寸口径炮弹或 8000 枚英 8 英寸口径炮弹，此外还有相当数量的中小口径火炮弹药。

　　不仅是火炮和配套弹药，奥布霍夫工厂还设有专门的光学部，负责研制潜望镜和各式瞄准具，虽然远未达到生产主炮用指挥仪和光学测距仪的标准。就目前所知，工厂方面和英国的巴尔和斯特劳德公司（Barr and Stroud）签有合作协议，工厂获得授权，可以在该公司提供给俄国海军的大型测距仪上进行检验和维修。在 1908 年的时候，工厂还增设了鱼雷和军械技术处（Torpedo and Ordnance Technical Bureau），负责人为波利考夫（V.V.Polyakov），其成员包括 70 名工程师、设计师和绘图员，主要负责新式军械的开发和发展工作。

　　工厂内配备 7500 吨、3000 吨、1500 吨和 800 吨这 4 种级别的大型水压机，以满足不同程度的大型构件加工任务。此外，奥布霍夫工厂的机械化生产率非常高，在一个普通军械车间里，机械生产设备与工具的数目多达 405 件，其生产过程借鉴了流水线作业的模式，生产效率在俄国众多企业中首屈一指。

　　到了 1914 年年中，奥布霍夫工厂已经装备了最先进的技术设备，正开足马力支援庞大的海军建造计划。在全盛时期，工厂占地面积达到了 147.7 公顷，人员包括 5500 名工程师、技师和工人。为了使工厂人员达到工作所需要求、掌握操作所需设备和相关生产方面的技术，奥布霍夫工厂还专门设立了技术培训所。在不久之后发展成为专门的技工学校，并且培养出了俄国第一代科班出身的技工。这所技工学校在之后很长的一段时间里，成了俄国技术工人的摇篮。这些掌握着各种专业技能的技术工人，为工厂制造了各种口径的枪炮、炮塔、炮架、滑道、训练用炮、炮弹、鱼雷、控制仪器、瞄准器、光学管、全景仪（panoramic sight）和双筒望远镜。此外，奥布霍夫工厂兼顾生产各种高质量的钢铸件、黄铜铸件和铸铁制品，以及各种简单成形锻件、轧钢和金属架，同时还承担了各种军械的维修工作。

也是在1914年，由于火炮口径和炮口速度的增加，设计者们开始寻求新的炮身加固方法。解决方案从应力限度为3500千克/平方厘米的碳化钢，改用应力限度4500千克/平方厘米的镍镉合金钢。这些进展加上对16英寸甚至更大口径炮的需求，使工厂迎来了自1911年以来的第三次扩张。在1914年的春天，工厂联合海军建设总局（Main Department of Naval Construction，俄文简称GUK）军械处制定了一份详尽的工业设施扩建计划。计划给出了各项工作的开工和完工时间，以及费用开支。节录如下：

"……14英寸尤其是16英寸口径炮需要用到镍镉合金钢，而奥布霍夫船厂现有的设施无法满足这样的需求，此问题必须加以正视。

"马丹钢铁铸造处（Martin Department）①现有3个大型熔炉——其中2个容量为30吨，1个为15吨。这就意味着14英寸炮身管坯件的铸造需要同时使用到2个熔炉，而16英寸炮则需要开启第三个。使用数个熔炉为1门炮熔炼所需铸铁是非常不合适的，冶炼过程中难以使几个炉子之内的金属状态保持一致，而且同时启用3台熔炉也是对生产资源的巨大浪费。其结果就是浪费了大量的原料，还大大影响了坯件的质量和强度。因此，我们需要建造一个新的熔炉，它必须足够的大，使其一次熔炼的铁水能够满足所有大型坯件的铸造。根据计算，60吨至65吨的容量应该足够了，而且是在超载10吨的情况下，此熔炉实际可以铸造75吨的坯件，还可经济方便地铸造重量在40吨至45吨之间的坯件。更小口径炮坯件的铸造则需要另造2个小型熔炉，容量分别为25吨和40吨。

"60吨熔炉是用于制造16英寸和14英寸口径的超大型炮，此外还需应对其他特殊需求。考虑到当前设备已经老旧，建造此熔炉的要求并不过分。"

同时，军械车间也为16英寸炮管的铸造增置了大量设备，除了2台大型车床还没建造成功，因此不能生产重达115吨的炮架外，其他工作进展顺利并已经准备好执行既定计划了。

---

① 以法国冶金家皮埃尔·马丹之名命名，他发明了这套钢铁制造程序。

计划中，除了钢铁铸造车间的重建和军械车间的扩充，工厂还要为更艰巨的炮弹生产任务新建 2 个车间，并增设 1 个专门用来生产中小口径舰炮弹药的车间。

在第三次扩建计划的最后部分，GUK 提议扩建专门的炮塔制造部门，以制造最新的更为大型的舰炮炮塔。考虑到奥布霍夫原有的锅炉生产车间只能建造往复式蒸汽机采用的老式燃煤锅炉，其各方面指标已经不适用于新式涡轮机，以及即将实用化的燃油动力系统了，GUK 认为可以考虑废弃现有的锅炉生产车间，另建一个新的。而旧的锅炉生产车间可以改建成一个专门用来生产炮塔回旋装置的装配车间。当然，旧的锅炉车间内没有足够功率的起重设备，无法装配 16 英寸炮塔的回旋装置，这需要另外添置一台起重能力至少为 150 吨的龙门吊。而且，就算这个车间可以装配出 16 英寸炮塔的回旋装置，厂房内现有的轨道系统也无法运送这个大玩意儿穿过厂区，抵达对面的炮塔车间。总的来说，即便是充分利用旧的锅炉车间，所能节省下的大概也只是建造一个新厂房的费用。不过以前的锅炉生产车间刚好位于炮塔装配车间对面，

■ 俄国海军高等军械学校的军官们正在检验为"塞瓦斯托波尔"号战列舰生产的第一座 12 英寸 52 倍径三联装主炮塔。站在军官们中间的那个穿灰色礼服、戴礼帽的人是这座炮塔的首席设计师

■ 1913年或者1914年的冬季，一门12英寸52倍径大炮正被装进战列舰"波尔塔瓦"号的主炮塔

GUK 的这个建议显然也是考虑到了这点，这样做有利于将炮塔的制造设施集中到工厂内的一小块区域内，对提高工作效率有一定的帮助。另外，新计划打算建造一个锅炉车间。

毫无疑问，厂区内用来移送重型设备的轨道需要重新铺设，那些 19 世纪80 年代安装的轨道已经无法适应体积和重量日渐增加的大型设备，俄国人甚至计划挖一个专门的内港供驳船使用。这些驳船的任务是将炮塔组装部件沿涅瓦河运送至圣彼得堡的船厂，以便将其组装到建造中的军舰上。

估计，在奥布霍夫船厂建造 16 英寸口径炮、炮塔及炮弹需耗资 6623000卢布（约合 330 万美元）。由于时间紧迫，最终版本的建造计划将分为两个阶段执行——1914—1915 年和 1916 年。当时的一个关于此计划的记录强调了全部工程任务必须在 1 年半到 2 年之内完成，并督促前一阶段该付给厂方的经费必须立即到位，并严令厂方对目前的生产制造活动不能拖延。

由于时间紧迫，海军部长格里戈罗维奇在 1914 年 8 月 17 日递交给国家杜马一个经费请求，这时一战已经爆发，此议案有个拗口而且非常长的名字：为生产镍镉合金钢制 14 英寸和 16 英寸口径炮、16 英寸、16 英寸以下口径炮塔和更多的炮弹，奥布霍夫钢铁铸造设备升级所需的额外经费（On extra-budgetary credit for re-equipment of the Obukhov steel foundry in connection with the production of 14″ and 16″ guns made of chromium-nickel steel，turrets for guns of up to 16″ caliber，and an increase in shell production）。杜马给了钱，但是宣布说鉴于战况和俄国面临的困难，在战争结束前这将是最后一笔获得的基础建设费用，有关《海军法》内规定的很多任务在大战中必须暂停。也就是说，实际上海军在奥布霍夫的建造计划已经到此为止。虽然当时的俄国海军希望这仅仅是一个暂停，杜马也明确表明这种暂停只是临时性的、基于战争而进行的暂停，然而历史告诉了我们，这条路已经走到了尽头。

彼尔姆工厂

在俄国人的计划中，第二个为海军生产大炮的制造商为彼尔姆工厂（Perm Ordnance Works），这个工厂到当时为止只为陆军生产小口径、中口径的枪炮和炮弹。在 1910 至 1911 年期间，水雷署（Bureau of Mines）不止一次提到要重建彼尔姆军工厂，以便分担海军当时正在酝酿中的，建造最大口径为 14 英寸舰炮系统的繁重任务（天知道为什么是这个部门提出的建议）。帝俄部长议会考虑后采纳了这个提议，并于 1913 年 6 月 23 日立法通过议案，划拨了 10628000 卢布的经费（相当于大约 530 万美元）用于军工厂的重建和相应武器系统的研发工作。主要部分用于设备升级，以达到每年生产 12 门 14 英寸口径炮的目标。然而当研究工作正在进行的时候，对武器的要求又被提高了。到了 1913 年年底，制造 16 英寸口径炮的计划被提了出来。

在 1913 年 10 月，海军部长向帝国部长议会报告说，位于奥布霍夫工厂和察里津工厂的 16 英寸口径炮制造加工设备已经就位，并表示考虑到 14 英寸炮繁重的生产任务和需要在短时间内大量生产的产能压力，他希望彼尔姆军工厂也能得到类似设备，以便提高年产量。在此初衷下，一个特殊的委员会成立了，其主要目的就是研究彼尔姆军工厂在制造 14 英寸炮，以及未来的 16 英寸口径炮的路上还需要哪些物资和措施。

在经过简单的考察和分析以后，委员会将整个工作分为两个阶段：

第一个阶段以每年能够生产 12 门 14 英寸口径炮为目标；

第二个阶段为在外国制造商的帮助下，添置建造 16 英寸口径炮的设备。

有两家外国公司明确表示出了这一意向，一个为法国的施耐德公司，另一个是英国的阿姆斯特朗公司。

在 1914 年 1 月，委员会花了整整一个月的时间仔细研究了这两家公司提交上来的计划。他们感觉施耐德公司的计划有许多缺陷，因为按此计划每年只能生产 7~8 门 14 英寸口径炮，而俄国海军提出的最低要求是年产 12 门。另外，法国希望他们提供的相关专家的管理和技术领导期限长达 12 年，俄国人认为太长。最后，法国人要求提供 200 万卢布的费用也比英国阿姆斯特朗公司的报价高出不少，这笔钱中大部分将用于基础设施的建造，而非海军希望的购置必要的技术设备。

委员会据此认为，阿姆斯特朗公司的计划相比施耐德公司要更好一些，而且这家英国公司也为其他许多国家建设过军工厂，甚至是军事工业体系，有着非常丰富的实践经验。比如说意大利的安萨尔多工厂，这座兵工厂刚开始成功运转，而它的设备就是在阿姆斯特朗公司的指导下采购并装配的。所以，委员会决定同阿姆斯特朗公司签订协议，让其对彼尔姆工厂进行技术指导，并为其安装和制造 16 英寸舰炮的计划采购设备。他们向部长议会提交了实际工作的具体预算，问题看上去就要解决了，然而这个项目遭遇了政治上的阻挠。

1914 年的 3 月，法国政府非正式地向俄国方面抱怨说，英国几乎得到了俄国造船工业的全部大额定单，然而法国却为俄国提供了建设所需的大量贷款。法国人认为，这等于是眼睁睁地看着法国的钞票流入英国人的口袋。法国是俄国当时最大也是最可靠的债权国，所以法方的抱怨得到了俄国政府的迅速响应。在此前提下委员会立刻感受到了来自政府方面的压力，被迫向阿姆斯特朗公司表示反悔，并将订单转交给了施耐德公司。不过也附加了一些条件：必须使用英国制造商的设备或者是俄国制造的相似类型设备；必须满足年产 12 门 14 英寸炮的限额；14 英寸炮的炮尾设计必须采用维克斯（英国）体系；如果工程结果不能满足这些条件法国将支付巨额罚款。处于虎口抢食之境的法国人别无选择，爽快接受了这些条件，终于如愿地得到了这份宝贵的订单。1914 年 7 月法国总统庞加莱（Poincare）在访问俄国之前在日记中写道：“彼尔姆工程——致以谢意。”

RAOAZ

历史悠久的奥布霍夫军工厂，以及即将得到充实的彼尔姆，加上正在察里津新建的军工厂，使1914年年初俄国军工制造业呈现出三足鼎立的局面。

"俄国军工股份合作社"(RAOAZ)也打算和一个英国公司签署协议——著名的维克斯公司，海军希望该公司能将整个RAOAZ工厂的设计和设备装配工程统统揽下。维克斯公司在俄国海军内享有很高的声誉，在技术领域又是一个很可靠的合作伙伴[①]，还曾积极参与俄国海军的重建，改造过大量的俄国造船厂，提供了数量众多的技术顾问——遍布于当时俄国海军的各个重要船厂和军工单位。

海军部和RAOAZ之间的协议覆盖的时间段为1913年8月1日到1926年1月1日，其中第一个订单为36门14英寸52倍口径炮、30门8英寸50倍口径炮和101门130毫米55倍口径炮。根据1915年9月1日签订的协议，其中的24门14英寸口径炮将在位于英格兰的维克斯火炮工厂内完成制造，剩下的炮将在察里津的俄方军工厂里完成铸造和加工。英国公司要负责建厂并装备车间，使此军工厂能够生产5~16英寸、最大长度达52倍口径的海军炮和要塞炮(fortress gun)。根据一天9小时一个班次，工人们分两班倒，工厂每天运作18个小时，周日休息。就当时的情况而言，其工作强度、工作时间都不算长，而且有得到保障的假日和休息日，薪资条件也比较优厚，是个很有吸引力的工作。以每周开工6天的工作量来计算，该工厂每年可以为俄国海军提供至少12门16英寸50倍口径炮和50门5~8英寸口径炮。

作为察里津军工厂的主要股东，维克斯公司当然希望看到工厂能尽快建成。然而1914年8月欧洲爆发了战事，从英国订购的工具和设备在运输上受到了拖延。情况在之后的数个月内持续恶化，由于奥斯曼帝国加入了同盟国阵营，原先最为便捷的，经由泰晤士河—直布罗陀海峡—地中海—博斯普鲁斯海峡—黑海的运输线，随着奥斯曼帝国对马尔马拉海的封锁而中断。位于黑海内的俄国舰队实力有限，不便贸然在土耳其方面未主动宣战前打博斯普鲁斯海峡的主

---

① 日俄战争后俄国海军的大型装甲巡洋舰"留利克"号便是由维克斯公司建造的。

■ 俄国新的无畏舰建造计划依赖于稳步成长的本土造船工业，俄国人必须结束在国外建造主力舰的历史。照片中的军舰就是沙皇俄国海军最后一艘在外国建造的重型舰艇——装甲巡洋舰"留利克"号，这艘军舰是由维克斯公司建造的

意，他们也不具备这个实力（当然，奥斯曼帝国的德国海军司令很快就会让大家都感到"满意"），于是这条航线就此中断。所有设备必须向北经过北方海域，运抵俄罗斯位于北极圈附近的阿尔汉格尔斯克港，然后通过陆路运往察里津。而俄国北方的港口全年有近 6 个月的封冻期，所以 RAOAZ 的建设进展被严重拖延。最后直到 1916 年 7 月该厂的主要建造工作才宣告完成，计划于 1917 年春生产出第一批产品。但是到了那个时候，原先规划中的 14 英寸和 16 英寸重型舰炮的制造任务已经没有任何意义了，工厂开始为陆军生产攻城和战壕战所需的威力惊人的 12 英寸、16 英寸短筒榴弹炮。这些榴弹炮实际上就是海军用的 52 倍径火炮截短炮身而来，实在不知海军方面对此作何感想。

至 1917 年 3 月初，由于俄国政局的急剧恶化，位于察里津 RAOAZ 已经停止了全部的功能，整个工厂处于瘫痪状态。期间，维克斯公司也在英国政府的命令下停止了向俄国运送各类技术设备以及零配件，英国方面希望能等待俄国国内局势明朗化①，以决定其未来的外交策略和对俄关系走向。这一局势也影响了其他一些工厂，比如伊兹霍尔斯基船厂、雷丁斯基工厂（Reydinski Works）、勒维尔港、阿纳德尔工厂（Anadyr）等等。尽管在俄国的再三督促下，英国又运送了部分物资，但 RAOAZ 的全部工程还是没有来得及在公历 1917 年 11 月的布尔什维克革命（即十月革命）之前完工。

在 1917 年 11 月，夺取俄国政权的俄共政府并未忽视察里津工厂的价值，在稳定了国内局势逐退了外部干涉势利之后，该厂最终于 1930 年宣布完工。其用途不变，仍旧是为俄国海军建造各种口径的舰炮，只是当时帝俄舰队已经被苏联红海军所取代。1938 年至 1940 年期间，帝俄时代的俄罗斯海军憧憬已久的 16 英寸舰炮头一次出现在俄国，大发海军瘾的苏联最高领导人约瑟夫·斯大林正试图建造一支规模庞大的红色舰队，其核心苏联级（Sovietskii Soyuz Class）大型战列舰计划装备 16 英寸口径主炮。无疑，斯大林格勒工厂（察里津当时已被更名为斯大林格勒）制造的这门 16 英寸炮就是为苏联级计划服务的用于测试的原型炮。计划中，该厂将为当时在建的苏联级战列舰生产 12 门 16 英寸 50 倍口径炮（苏联级计划建造 4 艘，每艘安装 9 门 16 英寸主炮，合计需要 36 门 16 英寸口径火炮）。

在 1914 年，俄国海军部计划每年生产 50 门最新型的海军重炮，陆军也有类似的需求，但陆军要求的多数为短身管的榴弹炮或重型攻城臼炮。如果这个计划得以实施，那么它是完全可以同其他海军大国的计划相媲美。1914 年一战的爆发，加上后来历时 3 年的俄国革命，给这个野心勃勃的计划画上了句号。

炮弹的生产

说得形象一些，如果把重型舰炮看作是"枪"，那么不论计划进展得多么顺利，铸造的火炮多么先进，没有"弹"一样也不过是摆设，在这里炮弹和子弹的意义是等同的，不论它是 38 英寸口径还是 16 英寸口径。俄国海军需要稳定的炮弹供应途径，这是除了舰炮本身和炮塔的建造计划之外，俄方必须要确保完善的一个重要保障计划。

在当时，生产炮弹早已不是 60 年前那种浇筑一个尺寸误差在合理范围内的圆球那么简单。由于近代军事技术的发展，在 20 世纪初的时候，炮弹的内部设计已非常复杂，其依照不同用途出现了众多的分类，比如穿甲弹、榴弹、教练弹等。各种炮弹破坏力也与日俱增，许多国家为其海军战列舰设计能在 10 公里以外击中敌舰的炮弹，在其动能和装填炸药的化学能相结合之后，破坏当量甚至达到了千吨级别。因此，大口径主炮所用的炮弹，在制造技术上就有了非常严格的要求。我们可以这样理解，制造"小小的"炮弹实际上是当时最复杂的战争武器——战列舰的建造计划中不可或缺的一部分，它将保障战列舰具有战斗力。

前面已经提到过，俄国本打算在奥布霍夫工厂内大量生产炮弹。然而，吸取了之前几年社会动荡的教训之后，为了免遭罢工、停工或其他破坏活动的影响，俄国海军当局已经不愿意将所有物资集中在一个地方。为了不把所有的鸡蛋都装到同一个篮子里，有人提议利用位于彼尔姆或伊兹霍尔斯基的工厂来生产炮弹。

另一个使俄国人做出如上选择的因素就是费用。雷斯普提洛夫、伯里安斯克（Bryansk）和 RAOAZ 等带有私营或者外资股份性质的工厂，早已敏锐地觉察到了未来俄国海军对重型舰炮弹的庞大需求，出于经济利益的考虑，这些企业在和海军的磋商中漫天要价。比如每枚 16 英寸 HE 弹（高爆榴弹），他们要价 4850 卢布，折合每普特（Pud）①重量 80 卢布，而 12 英寸和 14 英寸口径炮弹的价格仅为每普特重量 40 到 44 卢布。结果，对于这种"敲诈"感到怒不可遏的海军部，决定将所有海军需要的重型炮弹转交给国有工厂生产，使局势完全掌控在自己手中。

伊兹霍尔斯基工厂负责人在向军械处（缩写为 CDNC）详细描述他们的计

---

① 普特是俄国特有的重量单位，1 普特折合 1638 克。

划时写道：

"……我们厂一个工程师对英国最好的船厂进行了官方访问，并向我们汇报了英方的炮弹制造情况，之后我们便同这个公司签订了协议……

"我们发现还需要一个更复杂的热处理系统，所以需要外加 32 万卢布的设备添置费用和 57 万卢布的人员外聘费用。另外，原计划中的 1120 吨碾轧机有必要提升至 2000 吨，而所有这些都将会增加碾轧部（Press Department）的支出。"

除了小口径炮弹以外，伊兹霍尔斯基工厂计划的年生产量包括 1500 枚 16 英寸或 1800 枚 14 英寸口径炮弹。新设备的总耗资估计为 3545000 卢布，包括新的液压碾轧机、机床和占地 31000 平方米的回火处理专用车间。此外还有许多辅助性建筑，比如宿舍、食堂、大礼堂等等。

总的说来，海军部计划每年至少在国有的奥布霍夫工厂、伊兹霍尔斯基工厂和彼尔姆斯基工厂生产 6000 枚 16 英寸炮弹。这不仅能相当有效地保障海军和陆军大口径火炮的弹药供应，更能有力地回击非国有企业的漫天要价，可谓一箭双雕。

战列舰用主炮塔的生产

前面已经提到过，这些工厂生产的一系列产品中也包括重型舰炮的炮塔。

1914 年年初，全俄罗斯境内只有两个船厂拥有很好的炮塔生产设备，分别是尼古拉夫的海军船厂和位于圣彼得堡的普提洛夫船厂。海军部船厂在过去的一年里也曾计划建立一个炮塔生产部门。除此之外，奥布霍夫工厂和金属铸造厂（Metallic Works）也有生产重型炮塔的能力。不久前，俄国政府在前者斥巨资建造了规模庞大的炮塔装备设施，至于金属铸造厂则是圣彼得堡金属铸造公司的旗舰企业。圣彼得堡金属铸造公司也生产路桥和铁路桥，另外还铸造炮座，承接各种金属架、锅炉、涡轮等业务，其产业之大，甚至于1912 年独立开办了一个专门为海军建造驱逐舰的小型造船厂。

金属铸造厂从 1889 年就开始为许多俄国战舰生产炮座，第一次是为"切斯马"号（Chesma，属叶卡捷琳娜二世级）战列舰生产了 3 个 12 英寸 35 倍口径炮座。从 1889 年到 1911 年，他们总共为俄国海军生产了 74 个主炮炮座

168

■ 1917年9月14日，圣彼得堡的金属加工厂内，在绰号"锅炉房"的大型加工车间，伊兹梅尔级战列巡洋舰的三联装14英寸52倍径炮塔正在建造中

和相当数量的轻型炮座，口径从6英寸到12英寸不等，而奥布霍夫、普提洛夫和海军船厂加起来的总数才只有49个。金属铸造厂拥有的设计师队伍中有许多都是后来赫赫有名的苏联工程师，其中包括克雷尔（O.Krel）、雷森科（N.D.Lesenko）和杜克尔斯基（A.G.Dukelskii），他们在金属铸造厂内工作的时候还非常年轻，这段工作经历为他们积累了宝贵的工作经验。1909年，金属铸造厂在夺取塞瓦斯托波尔级战舰用12英寸52倍口径三联炮座的竞标中获胜，这种战舰是俄国的第一代无畏舰。两年后，同一设计被用在了配备于黑海的玛丽亚女皇级无畏舰上。1912年至1913年期间，他们又赢得了伊兹梅尔级战列巡洋舰14英寸52倍口径三联炮座的竞标，以及俄国海陆军联合组织的强化波罗的海岸防系统中，14英寸52倍口径双联炮塔和12英寸52倍口

■ 1913年9月，海军部高级官员在金属加工厂视察三联装12英寸主炮塔的制造情况。高层人员齐集在位于炮塔后部的升降台上，其中包括海军大臣（立于正中有胡须者）、海军建设部主管和海军部军械处主管。此时的炮塔四壁仍然是用木板搭建的，这只是一个临时性的措施，以方便安置电缆，同时也能显示炮塔完工时的形态

■ 这张照片拍摄于1916年7月30日。这是一艘战列巡洋舰使用的三联装14英寸52倍径炮塔的转盘，内有166枚直径8英寸的滚球轴承，是金属加工厂为伊兹梅尔级制造的。照片中这个转盘是倒置的，一些机械设备已经安装好了

径开放式炮座系统的竞标（上述这些事迹看似辉煌，实则全赖笔者的表述方式，好比熟练的"春秋笔法"完全能将陆续消灭掉几个敌人着重润色，而将歼灭一个军的敌军之事迹一笔带过。不过大多数读者只热衷于看个热闹，瞧瞧那些吸引眼球的"毒牙"，很少有几个真心热爱历史的人会去细心解读诸多历史细节中提供给我们的先作。说到底，他们不过是来看个热闹，追逐一下另一种形式的"时髦"）。事实上，对一艘战列舰或者海岸炮台系统这种庞大的工程项目而言，一个炮座的加工合同实在算不上是个"大头"。本来金属铸造厂完全有能力揽下整个炮塔甚至炮身的生产合同，然而海军部力图将炮塔的制造交给听命于他们的公司。宁可在奥布霍夫军工厂耗费巨资新建一个符合他们要求的炮塔装配车间，也不愿意让私营企业染指整个合同。所以，尽管金属铸造厂有着辉煌的历史和足够强大的技术设备，最终还是被排除在了主要合同之外，只争取到一些残羹剩饭。这对有着丰富经验和有效组织系统，并完全能胜任此类工作的金属铸造厂来说，是一个不幸的消息。他们一直有许多先进的原创性技术理念，积极响应海军部的号召，并本着高度负责的态度来完成各项任务。

实事求是地说，私营公司比他们的国营竞争者具有更高的效率、更好的组织模式和更有效的管理体制，以至于其质优价廉的产品占领了大部分民营市场。

■ 正在做实弹射击测试的炮塔回旋盘，在回旋盘上安装了一个简易炮塔，内置一门14英寸舰炮。测试的主要目的是考验回旋系统内的滚珠轴承是否能承受主炮射击时产生的巨大后坐力

装甲的生产和加工——伊兹霍尔斯基工厂与 NMMMS

就通常认识而言，一艘战列舰的排水量会有 35% 至 40% 用在装甲上，装甲占去的重量位居船壳、军械和机械设备之前。俄国海军主要的装甲制造商为国有的伊兹霍尔斯基船厂，从 1908 年开始，此工厂专门生产装甲。它同其他的国有工厂——海军部船厂、波罗的海船厂、奥布霍夫船厂处于同一条管理线上。

伊兹霍尔斯基船厂位于伊札拉河（Izhora）畔，是俄罗斯土地上历史最悠久的"造船厂"之一，其历史可以追溯到 1710 年，创始人是沙皇彼得大帝的密友兼战友亚历山大·缅什科夫（Alexander D. Menshikov）。一开始，这并不能算是一个船厂，其职能更接近于木材加工厂，主营业务是将各地收购来的木料加工处理弯曲成型，然后成批提供给圣彼得堡船厂。在 18 世纪末和整个 19 世纪，随着俄国造船业的提升，这家企业开始了迅速的扩张，逐步转向制造一些船用设备零件。在 19 世纪 60 年代初，几种对铁板进行处理以提高抗弹性能的工艺相继问世。该厂一贯承接船舶周边的业务，迅速把握住市场的轨迹，从英国和德国高薪聘请一流的技师，开始尝试生产第一代铁质装甲板。1866 年，俄罗斯生产的第一块装甲板问世，这块铁质装甲板厚 114 毫米，尺寸为 4 米 ×4 米，采用了维氏表面硬化（Harvey method）处理工艺。测试证明了这块板的装甲特性不亚于同期的英国装甲板，这为伊兹霍尔斯基船厂赢来了巨大的声誉。19 世纪 70 年代至 80 年代，伊兹霍尔斯基船厂又开始生产铁 / 钢复合装甲板，用中国人所熟知的叫法，就是所谓的"钢面铁甲"[①]。在 1893 年的时候，为了满足各种铸造任务，船厂内新建了一个安装有 2 座马丹熔炉的大型车间。1896 年，进一步扩大了装甲生产规模，新建了 2 个车间，开始大批量生产采用维氏硬化法制造的船用装甲板。这两个车间装备了 4 个熔炉，还有 1 个容量为 4000 吨的碾轧机用于弯曲钢板。1901 年随着法国技术的引进，伊兹霍尔斯基船厂已经可以独立制造镍合金钢板，辅以德国克虏伯公司发明的表面渗碳硬化处理工艺，同时结合维氏表层硬化法，生产当时世界上最先

---

① 清帝国北洋舰队的"定远"号铁甲舰就曾采用这种装甲。

进的装甲板。

在日俄战争之后，伊兹霍尔斯基船厂一度面临窘境，这也并非一家工厂的状况，在 2 年到 3 年之中，几乎所有俄国军工企业都有度日如年的体会，它们为了熬过这段艰难的时期，开始广泛地将业务转向民用领域。适逢俄国国内基础建设的高峰，因此能及时转向的企业日子反倒过得不错。而后，随着俄国《海军法》的实施，于 1910 年启动的塞瓦斯托波尔级波罗的海战列舰的建造计划，使许多俄国军工企业重新看到了希望。

就装甲生产角度来说，无畏舰相比前无畏舰并没有太大的不同，只是 1 艘无畏舰的消耗量往往能达到原先 2 艘前无畏舰的程度。对于伊兹霍尔斯基船厂而言，这种不同主要体现在对装甲板材的需求上。由于对船用装甲的需求量剧增，其爆发式的需求量已经超过了工厂的最大生产能力。由于海军并非只建造塞瓦斯托波尔级一型无畏舰，所以必须提升现有企业的生产能力。鉴于海军建设计划长达数十年之久，所以这种基础设施的投入必须是彻底的、全面的。

■ 这张照片显示了1916年年末伊兹霍尔斯基工厂火炮装配流水线车间内的情景，可以看见一门12英寸52倍径岸防炮

为此，杜马给出了一个大手笔，向伊兹霍尔斯基船厂拨款 588 万卢布。这笔钱将用于新装甲板材生产线的设置和其他一些设备的扩建。

后来，厂方用这笔钱新造了两个用于装甲强化和后期处理的车间，置备了一台起重能力为 50 吨的起重机、一个容量为 40 吨的熔炉、一台 7500 吨级的液压碾轧机，还新建了一个氧 / 氢制造车间，改造了钢铁铸造设备，并对厂区内的发电站进行了升级。这些措施本可以使工厂年装甲板生产量增加 1 万吨，但是杜马后来削减了约 35 万卢布的后续经费，因为需要用钱的地方实在是太多了……

船厂毕竟是得到了一笔拨款，这笔钱使装甲板的年实际产量增加了大约 7500 吨。杜马认为这个产量对于预计将在 1914 年春完工的 4 艘塞瓦斯托波尔级战列舰是足够了，但他们没有考虑后续的无畏舰建造计划。你可以说这是短视的行为，但联想到不久之后的世界大战和俄国革命，以及那些辛苦建设起来的工厂在战争期间的作为。塞翁失马，福祸又焉知？

到了 1912 年，新的装甲加工车间正式投产。新的装甲强化和后期处理车间位于伊扎拉河北岸，拥有当时最先进的设备。其中最令人称异的是压力达 1 万吨的巨型水压碾轧机，这套设备在俄国非列第一，就当时世界范围来说，也仅仅是在加工板材的尺寸方面，比德国克虏伯公司的一台同类设备小上那么一些。这个碾轧机是专门用来为战列舰指挥塔和炮塔加工装甲板的，当它开始全功率运转时，位于里加（Riga）的地震监测站竟然监测到了这一震动，发出警报说圣彼得堡地区发生了地震，其气势之雄伟可见一斑。装甲后期处理车间占地约 24000 平方米，厂房高达 20 米，因为部分加工设备的高度达到了 12 米。

新车间开始工作后，伊兹霍尔斯基工厂采取了类似察里津 RAOAZ 那样的工作制度，9 小时一班、一天 2 班、一周 6 天。依照这种工作制度，预计每年可以生产 12000 吨的克虏伯表面硬化钢。此外，还能为装甲板生产大量均质钢板。同样于 1912 年完工的还有轧钢车间的重建工程，此车间专门生产甲板装甲。

到 1913 年，由于新的更强大的无畏舰建造计划被海军拟定出来，于是海军对装甲的产量又有了新的要求，工厂需要配备更多的设备和车间以满足这种增长。此次扩建工程估计将耗资 150 万卢布，历时 2 年。因为这次扩建，民众开始抨击杜马，讥笑说：事实证明了他们在 1910 年通过的那个短视而吝啬的扩建计划根本就不够用，而且最后试图省去的 35 万卢布竟被迫以翻 4 倍的形式偿还。由于之后众所周知的原因，这个第二期扩建计划实际从未开始过，所以也完全说不上浪费之类的……

在 1914 年年末，伊兹霍尔斯基工厂的年产量已比 1908 年增长了 5 倍，但这依然不够。1915 年至 1916 年财政年度的海军大订单，使该厂不得不将班时改为全天候运作——也就是说 8 小时一班，一天三班倒。

也是在 1914 年，工厂第一次做出了 406 毫米（16 英寸）厚的试验用装甲板，并取得了令人满意的测试结果。在此之前，装甲板厚度被认为最大只能达到 305 毫米（12 英寸）。

在 1911 年到 1912 年，一个新工厂——尼科波尔 – 马乌波尔矿业和冶金联合会（Nikopol–Mariupol Mining and Metellurgical Society，简称 NMMMS），在俄国南部的尼科波尔成立。这个工厂是为了满足黑海舰队所需而特别建设的，其拥有的技术设备代表了当时世界最先进的水平，在很多地方其至超越了伊兹霍尔斯基工厂。

到了 1911 年年末，新工厂已经接到了总价值达 680 万卢布的订单，主要是为了给黑海舰队的新式无畏舰"叶卡捷琳娜二世"号生产所需要的装甲板。不久之后，工厂还要为"纳瓦林"号战列巡洋舰，以及 4 艘伊兹梅尔级战舰生产装甲板。

1915 年，伊兹霍尔斯基工厂引进了俄国冶金工程师冈特科（Gantke）发明的一种新的高碳装甲钢，其具备类似半成品装甲板那样的特性。直接使用这种钢板加工装甲，可以大幅度简化生产工序，装甲板的制造时间将大幅度缩短。其质量也非常的过硬，第一批成品中的一块 150 毫米厚的装甲板取得了很好的测试结果，海军认为其性能不亚于同等厚度的克虏伯装甲板，而后者的价格和加工时间分别为前者 2 倍和 3 倍。海军部长格里戈罗维奇向沙皇尼古拉二世汇报了新方法的成功："……实验对比过伊兹霍尔斯基工厂和法国格莱佐公司（Grezaut），以及英国维克斯公司（两个公司都能生产各类特种钢板）生产的装甲板后，结果证明伊兹霍尔斯基工厂的钢板更实惠。去年几乎所有的钢板都是采用冈特科工艺，而非克虏伯方法所制作。11 月份，工厂生产的 262.5 毫米厚钢板给出了很好的测试结果，现在是抛弃掉克虏伯方法的时候了。"

1913 年的秋天，为了满足海军部的要求，并且实践一种新的防护带衔接方法（涉及一种合金钢制成的燕尾状暗榫），工厂制定了一个大的扩张计划。现有设备限制了工厂的产量，工厂的设计产量为 4000 吨克虏伯装甲板，实际产量却达到了 6000 吨。为此，厂方得到了 100 万卢布用于扩建制造设备和添置新的机床，这些机床主要用来执行装甲板边缘切削等作业。由于运送外购设备的商船赶在了 1914 年 8 月之前，通过博斯普鲁斯海峡进入黑海，所以到了 1915 年年初，这个扩建计划算是顺利地完工了，新设备随即被投入到船用装甲板生产中，以满足黑海在建的新式无畏舰所需。某种程度上可以认为，这项工作是确保俄国能够在 1915 年年末，凭借新式无畏舰重新取得黑海水域制海权的基础。

看了前边的内容之后，也许很多人会产生一种俄国装甲质量优异的错觉，那么现在容笔者来叙述它的不足。尽管在 1910 年至 1915 年期间，俄国国内最主要的装甲板制造工厂的设备都得到了更新，但是与他们的国外同行相比，仍然存在诸多的缺陷。太专业的内容笔者就略过了，反正也没有多少人对钢材的屈服度等问题感兴趣。一个比较能使人理解的缺陷是——俄国国内厂家加工的装甲板尺寸普遍偏小。正如上文提到过的，即使当时俄国拥有和克虏伯并列世界第一的水压加工设备，可是能够加工的装甲板尺寸不及德国的同类设备。其结果不言而喻，俄国装甲虽然在机械性能上基本合格，然而较小装甲的尺寸也在某种程度上削弱了防护效果，很多防护部位被迫采用两块装甲，而不是像英国战列舰那样仅用一块较大尺寸的装甲板加以保护。此外，俄国技师在进行表面加热处理的时候并不能很好地控制各道工序的时间，以至于装甲板的质量不太稳定。当然喽，这也不能太强求了，反正没有人能一口吃成个胖子。

总之，俄国在军事技术方面充分吸取了日俄战争失败的教训，特别是船舶和军火工业方面。这一时期，俄国国内的船厂在设备和辅助设施方面都得到了很大的发展，为成功地建造现代化战列舰打下了良好的基础。用一些带有中式新闻"八股"的话来说：众多的设备在如此短的时间内完成重建，就算以现在的眼光来看，也不能不令人称奇。熔炉、碾轧机、起重机、车床、铣床和其他工具的现代化，使俄国舰炮、炮塔和装甲的质量都达到了当时世界先进水平。这里必须要加上一句：尽管还存在着诸多的缺陷，许多设想过于理想化，未经实战考验。

在 1914 年的时候，俄国拥有 14 条可为战列舰建造服务的滑道，船厂也具备了建造更大尺寸战舰的能力。同期，由于官方的重点培养和巨额投入，工程师、技师和工人的大量增加，使俄国有潜力全面展开它的海军建造计划。但是到 1914 年一战爆发时，工作还没有全部落实。倘若第一次世界大战推迟爆发，从 1910 年开始至 1914 年被迫终止的海军造舰计划能够再延续 2 年到 3 年，俄国无疑将在战舰建造领域达到世界一流水平，至少表面上如此。

终焉

有关这一节，我曾写了相当长的内容，其中涉及对日俄战争以后俄罗斯经济的系统分析，以及结合当时俄国外部环境看待俄国重建海军计划的得失等等。但最后，这些全从正文中删去了。叙述一场失败、一枕黄粱并不需要如此大费周章。而俄罗斯帝国海军真正的终结也并非是以第一次世界大战为开端的。甚至不是以十月革命为标志……

1918 年 7 月 17 日，这是一个甚少有人知道的日子。这一天的凌晨，在叛乱的捷克军团即将到来的背景下，俄罗斯帝国罗曼诺夫王朝的末代统治者——尼古拉·亚历山德洛维奇，以及他的全部家庭成员，被俄罗斯布尔什维克党人枪杀于毗邻乌拉尔山脉的叶卡捷琳娜堡。

没有审判，也不曾说明理由，更没有任何的仪式，只是最单纯的枪决，其目的是消灭沙皇以及有可能代表他的全部直系亲属。

随后，尸体被装上早已准备好的卡车，迅速运往叶卡捷琳娜堡郊外的一个废弃矿井内。尸骸先被泼上硫酸彻底毁容，随后被淋上汽油焚毁。

帝俄的时代就这样结束了。一代暴君尼古拉带着他全部的野心、梦想和妄想，以如此骇人的方式离开了这个世界。他会去哪里？天堂还是地狱？这无人知晓，只是他死得这么凄惨，以至于许多人似乎忘记了这位俄罗斯帝国末代统治者的双手是多么血腥。如果你怜悯的是他年幼的孩子，那也请把同情留给那些死于战乱饥荒中的俄罗斯平民的孩子吧！

1920 年 10 月 29 日，在其他协约国辅助船只的协助下，残存的黑海舰队搭载着总计 146200 名难民起航了。他们是俄罗斯帝国最后的守卫者，曾徒劳地抵抗着历史的走向，但是他们必须接受这个结局。

11 月 14 日，舰队内的第一艘船抵达了伊斯坦布尔，曾经的君士坦丁堡，这座罗曼诺夫王朝历代帝王梦寐以求的城市。愿上帝怜悯这些帝国的遗民，他们居然以如此可悲的方式实现了帝国存在时的愿望。然而，这并不是他们的终点站。

一部分人最后获准到法属北非居住，另一部分人则去了比塞大港。没有合法主人的战舰就这样停泊在港内，任凭风雨侵蚀，直至朽坏。

起初，仍然忠于帝国的水兵，每天早晨都会升起圣安德烈旗。不过时光能侵蚀一切，直到再也没有人记得那些了。

圣安德烈旗

"安德烈十字"是基督教的诸多象征物之一，与传统"十字架"造型的"十"有所区别，所谓的"安德烈十字"类似于字母"X"。其得名和构造均来源于耶稣的 12 个圣徒之一的安德烈·佩尔沃兹万，根据古老的基督教传说，罗马人将安德烈·佩尔沃兹万钉在了形状像字母"X"的十字架上的。

长久以来，安德烈·佩尔沃兹万一直被视为俄罗斯民族国家的保护者和守护神，俄罗斯人对他的崇拜早在 11 世纪就广泛流传于伏尔加河流域的俄国大地。近代外民族对他的了解主要基于俄国海军军旗，在 17 世纪末，俄罗斯帝国著名的彼得大帝批准带有十字呈"X"字母形状的安德烈旗为俄国海军舰尾旗。

安德烈"X"造型十字，把旗子的四角连成一体，寓意着俄国把 4 个海洋舰队（就当时而言）——白海舰队、亚速海舰队、黑海舰队和波罗的海舰队联合起来了，也代表着俄国的 4 个主要出海口。

■ 圣安德烈旗

维也纳体系的破裂

纳瓦里诺之战（上）

　　这是一个历史悠久的古老地名，其年代甚至可以一直追溯到荷马时期。

　　纳瓦里诺地处偏僻，但并不难找。在斯巴达人的遗迹古老的麦西尼狮子门，有一条通向西南的羊肠小道，终点就是伯罗奔尼撒半岛西面的伊奥尼亚海。如果你沿着小道一直走下去，那么在你踏进海水之前的最后一站，能找到一座叫皮洛士（Pilos）的滨海小城。从这里向北眺望，纳瓦里诺湾的粼粼波光尽收眼底。

　　南北最长约 4 海里，东西最宽 3 海里左右，整个海湾呈不规则的弯形。一座被当地人称为斯法柯特里亚（Sphakteria）的大岛横跨在西面，将海湾揽在怀中，也挡住了从伊奥尼亚海吹来的风浪。由于斯法柯特里亚的阻挡，从纳瓦里诺湾进入伊奥尼亚海的通道被分割成了两条，北面的那条最窄处宽度不足百米且暗礁密布，南边的大约宽 1 海里。一个和皮洛士城同名的小岛坐落在南航道上，岛上筑有灯塔，每天夜里都会点起灯火为附近的船只指引航向。

　　纳瓦里诺就是这样一个小地方，希腊南方的一个小海湾，平凡至极的海湾。在伯罗奔尼撒，这样的海湾有上百个。此地虽然景色优美，但是知道海湾名称的渔民却远比游客多。在整个麦西尼亚省遍布着麦西尼时代和斯巴达古城邦的众多遗迹，谁又会有兴趣去注意这个位于皮洛士城边的宁静海湾？

　　从人类文明的发源开始，这片土地就注定不会平凡。曾经希腊文明的火种在此引燃，从小亚细亚和波斯刮来的狂风没有将其摧毁，最后希腊成了欧洲文明的源泉。在中世纪，这里见证了伊斯兰教和基督教的冲突；历经了伟大的拜占庭帝国的复兴和衰落；目睹了绣着新月的绿色旗帜漫过小亚细亚笼罩欧洲文明的故乡。然而，不论是被迫臣服于马其顿人亚历山大的日子里，还是看着新月旗悬挂在君士坦丁堡的城楼上。在很多个时代里，这儿只是上天提供给伊奥尼亚海上撒网的渔民躲避风浪的良港。

　　直到有一天，悬挂着新月旗的舰队出现在南方的水天线上……

→ 乱世与"承平" ←

如果用三明治来比喻中世纪以后的欧洲历史，可以把战争看作两侧的吐司面包，而和平无疑就是中间的火腿片。不论是哪一种三明治，面包永远厚过火腿。三十年战争、七年战争、法国大革命以及拿破仑战争……中世纪之后的欧洲历史，大致上可以被认为是这么延续的。

1815 年对于欧洲而言意义重大，因为在这一年里，反法同盟的领袖们云集奥地利帝国首都维也纳。这一次不再是为了商讨对策应付危局，来到这里是为了善后，因为他们合力围剿的这头怪物——旧秩序的破坏者、试图将整个欧洲握在手中的拿破仑·波拿巴，已经彻彻底底的失败了。

乱象于和平时代丛生，解读乱象务必追本溯源，这个源头就在法国。18世纪末至 19 世纪初的法国与今日的形象可谓大相径庭，在那个早已逝去的时代里，昔日高卢蛮子们的后裔虽然表现出类似今日的浪漫本性，骨子里却依然充盈着蛮族时代的血性。这种本性一直支撑着他们度过漫长的中世纪、反反复复的十字军战争与纷乱的宗教改革运动，直至法国大革命的开始。当那些从美洲回归的志愿军们①结合国内诸多问题后，奇妙的化学反应发生了……高卢人骨子里的革命激情被点燃。进攻巴士底狱只是开始，杀国王也不过是插曲，法兰西的革命一度是以彻底铲除君主制、消灭压迫为目的。然而这些头脑发热的人，最后做的不过是"破四旧"一类的勾当。

不管他们的行为实际上起到了什么效果，在那个欧洲旧制度普遍遭到挑战的动荡年代，法国人的革命行为在整个欧洲无疑是具有煽动性的。革命就像一种传染病，威胁着欧洲其他王室的统治。于是，绞杀法国革命的外国势力，一直伴随着法国大革命的全程。然而，在 1794 年，很少有人能正确地认识到高卢人的力量。这是一群有强大行动能力的革命者，敢作敢为、热情又冲动，

---

① 七年战争时期，作为对英全面战争的一部分内容，上万法国正规军奉法国国王之命渡过大西洋进入北美，协助英属北美殖民地开展旨在争取独立的战争。毫无疑问，法国大革命的种子就是在当时种下的。因为美国在战后无力偿还本应由他们支付的军费，所以法国被迫自掏腰包支付其军队进行海外作战的巨额开支。而从革命前线归来，受到诸多"革命思想"影响的法国远征军，目睹法国国内时局（国库空虚、王室奢靡、官僚腐败、言论专制）后，无疑对发动暴力革命有着前所未有的热情，更何况北美独立战争从头至尾都喊着"国王滚蛋"的口号。

尽管他们宣扬着打倒专制消灭独裁的意愿，然而洒下暴力和肉体消灭的种子，真的能收获到自由与博爱的果实吗？后来的事实证明，他们只是一群浪漫的军国主义分子而已。毫无疑问，当这样一群人获得一个足够坚强的凝聚核心之后，将对整个世界造成前所未有的破坏。

实际上，在大革命过程中先后涌现出了很多的凝聚核心。但无论是身体力行参加北美独立运动的革命者，"两个世界的英雄"拉法耶特[1]，还是以机智雄辩著称的政治家罗伯斯庇尔[2]显然都不能胜任高卢人心目中的那个"核心"位置。因为那些头脑发热的革命者需要的不单单是一个具有鼓动能力的政客，他们更需要一个具备领导能力和卓绝军事才能的元帅，一个能带领法国从低谷走向胜利的人。以我们的历史常识来加以判断，具备政治家和元帅能力的人只有一个——皇帝，尽管大多数皇帝并不具备这两项才能。

拿破仑·波拿巴登上了历史舞台，浪漫又实干的法兰西军国主义者们终于有了一个强大的凝聚核心，于是欧洲混乱了。

自1794年大革命高潮来临，一直折腾到了1815年拿破仑战争结束。整整22年，足够一代人成长起来的岁月，欧洲成了法国众多热血青年们活跃的舞台，直到

■ 这可能是关于拿破仑的最著名的一幅画了，其跃马凌风、手指远方的姿态不仅使法国人民沉醉，也吸引了世界各地的崇拜者

① 拉法耶特（La Fayetie），1757—1834年，法国近代政治家，法国大革命初期的领袖人物之一，君主立宪派的代表人物。他早年曾远赴美洲参加大陆会议，还参加了美国独立战争，担任过华盛顿将军的副官，"两个世界的英雄"这个称号正是来源于此。他死后，专门用取自美国独立战争某一战场的泥土来掩埋棺椁。
② 马克西米连·佛朗索瓦·马里·伊西多·德·罗伯斯庇尔（Maximilien Francois Marie Isidore de Robespierre），1758—1794年，著名的雅各宾派三巨头之一，强烈要求处决法国国王路易十六的国民公会成员之一。罗伯斯庇尔于1794年7月28日被政敌处死。

■ 雅格宾派的领袖罗伯斯庇尔，他的热情曾将无数人（包括法国国王与王后）送上了断头台。不过，最后这亦是他自己的归宿。断头台也不愧是法国大革命中运用得最为频繁的一种工具，一个木制框架、一副固定囚犯的枷锁、一具沉重的刀片就构成了这种工具的大部，也造就了围观死刑并且大声喝彩的这种独特的法国式"浮世绘"

欧洲其他国家用人命换人命的方式，将这些不安分的青年甚至是少年们[1]统统扫了个精光。当时的法国人和 20 世纪中期那些只闹不做、侵略者完蛋了才去剃那些和敌人睡过觉的妇女的头发、拥护"自由"还要看谁给的钱多的搅屎棍，有着诸多鲜明的不同点。

　　动乱随着凝聚核心的消失而结束，1814 年，所向披靡的皇帝拿破仑惨败于比利时滑铁卢。谢天谢地，这群妖魔终于被众人合力慑服了。

---

　　① 在 1813 年，拿破仑就被迫提前征募 1815 年的士兵入伍，以解决日益严重的兵力吃紧问题。

■ 滑铁卢战役旧址。战后，反法同盟以比利时人曾协助过拿破仑为由，强迫当地人挖掘泥土堆筑成了这座圆锥形的土山。山顶安放着青铜铸的狮子雕像，材料来自法军遗弃的大炮

⤐ 维也纳体系 ⬸

在将"怪物"拿破仑"从一个世界流放至另一个世界"的同时，反法同盟的大小参与国与战败的法国代表，在奥地利帝国的首都维也纳召开了一场重要会议。主导维也纳会议的是 4 个国家，也是反法同盟的 4 个大东家：英国、奥地利、普鲁士、俄国。会议的目的只有一个——恢复欧洲旧秩序①。法国虽是战败国，在欧洲各个强国的围攻下实力大损，然而其本身作为欧洲强权的地位并未遭到动摇，反法同盟各国也无意（更不可能）瓦解这个欧洲大陆上的重要国家。所以，并不能把维也纳会议单纯地看作是一种对法国加上诸多限制的机构，某种意义上也可以被视为将法兰西拉入新秩序中的某种妥协。

以外交的角度来说，维也纳会议的本质是一个各方共同的希望，即使欧洲格局恢复到法国大革命和拿破仑战争之前的状态，重新构筑国家之间坚固的安全体系，并再度确立被屡次践踏的欧洲各国王室权威。对于反法同盟中态度最坚定的英国而言，在满足上述愿望的同时，其更希望能在欧洲大陆各

---

① 也许这种说法违背了一般认识，诸多书本都将"限制法国再度走向强势"单独列出，然而仔细审视这个目的就会发现，压制法国和恢复欧洲旧格局属于同一范畴。

强国之间建立权力和实力上的平衡。另外，还要恢复这些国家因法国革命战争带来的混乱的社会秩序，由于受到法国大革命和连年战乱的影响，包括英国在内的欧洲各君主制国家内部都已出现不安稳的迹象。弥合内部问题，避免爆发类似于法国大革命那样的暴力革命乃是欧洲王室共同的意愿。

终于，被拿破仑战争打破的欧洲大陆势力范围被重新划定，新的秩序建立起来了。为了巩固这一体系，四国还商定采取定期"会议"机制来延续他们之前的协议，弥合各方矛盾。四国同盟随后变为专注于各自的国内情况，长期战争所带来的混乱和创伤，让各国人民都渴望得到自由和安宁。由于保守君主势力对权力的牢牢控制，同时在国内和国际上对各地革命执行反动的镇压政策，终于换来了短暂的和平。

然而，并不是所有人都对此感到满足，沙皇便是其中之一。

亚历山大一世笃信东正教，这似乎并不是什么稀奇事，俄国历代统治者都是东正教信徒。当然，这位沙皇是有那么一点儿不同，他怀有一种十字军式的狂热。自从收到教皇赠送的那块写有"上帝的选侯"的金牌之后，亚历山大一世便决心以武力和王室之间的联合来维护旧世界的基督教信仰。

■ 梅特涅，构筑了政治概念上的维也纳体系

■ 沙皇亚历山大一世，建立了宗教和某种信仰上的联合"神圣同盟"

维也纳和会的各方

普鲁士与俄国

对于欧洲，俄国和普鲁士的野心并不大（仅就当时而言）。

四强国中资格最老的是英国，岛国的位置和强大的海军一直使英国本土免于战火蹂躏。普鲁士和俄国没有这种地理优势，所以这两家在与法国的较量中吃尽了苦头。拿破仑的大军攻占过柏林和莫斯科，勃兰登堡门上的胜利女神铜马车像被法国人拆下带回作为纪念品，莫斯科则在俄军撤退的时候被纵火焚毁。如果不考虑法国的话，普、俄两国在战争中遭受了最严重的人员和物质损失。

基于上述因素，两国的动机相对比较单纯。由于沙皇本人的原因，俄国一直对弑君和叛教的行为进行追究，而普鲁士更是在战后指名要求归还勃兰登堡门上被拆走的铜像，其一雪国耻的心态非常明显。

两国在维也纳和会上最大的收获是对波兰大公国的瓜分。俄国分得了中部和南部以及华沙。普鲁士获得了波兹南地区，以及西部和北部。另外俄国还顺势吞并了芬兰、比萨拉比亚，普鲁士则占据了德意志联邦内的威斯特法伦、莱茵省等地区。

奥地利

严格意义上，奥地利应当与普鲁士归为一类。虽另有其名，但两国毕竟同属德意志联邦。

在跨度近20年的战争中，奥地利扮演了墙头草的角色。奥斯特里茨战役之前它曾是法国的敌人，眼看胜利无望，便与法国结成同盟，奥地利王室甚至与拿破仑建立了联姻关系。当然，最后又朝法国狠插了一刀，从而跻身反法同盟的四强位置。

在维也纳会议上奥地利收获颇丰，由于成功获得了亚得里亚海沿岸的达尔马提亚，帝国一下子变成了一个沿海国家。此外，意大利北部的伦巴第、提罗亚、威尼斯尽入其手。帝国东面的捷尔诺波尔，西面的萨尔茨堡也收入囊中，使奥地利有了东西两面的屏障。这些差不多就是半个世纪以来哈布斯堡王朝所追求的全部。

在政治上，由于梅特涅的努力和有效运作，保障帝国收获的机制也被建立起来，维也纳会议各方所确立的机制可以使列强互相约束。试图建立起一个相对稳定的国际环境，以维护到手的果实。

奥地利不希望过多的削弱法国，更不希望和法国彻底交恶，因为其北靠普鲁士、东临俄国，在两个强大的潜在对手旁卧榻过日子并不令人感到舒坦。奥地利的目的很明确，在试图保证一个完整且依然具有一定实力的法国，并与之保持良好关系的同时，限制普鲁士和俄国获得太多的东西，更要竭力避免两国向自己的势力范围进行扩张。因为只有这样才能使奥地利在德意志诸邦，特别是与普鲁士的抗衡中占据优势，也才可以确保自身在俄国这个庞然大物的威胁下安然无恙。

英国

英国的外交政策存在一定的连贯性，对于普、奥、俄三国而言，维也纳会议也许是一个捞取利益的绝好时机。但是对于不列颠来说，这只是它依照一个既定的历史久远的外交政策，不断努力所取得的结果。英国的大陆政策使其一直力求建立一个均衡的欧洲大陆，一个各强国之间互相制衡的多极体系，唯有这样才符合英国的国家利益。

在维也纳会议上，英国在欧洲大陆的头号敌国（应该理解为"假想"或"潜在"）仍是法兰西，不论这个国家是否已经彻底失败。从历史角度来看，英法的冲突由来已久，自诺曼底公爵远征英伦成为英国国王起，两国的冲突就注定无法避免。从1689年至今，英法之间的战争已达7次之多。而且最近半个世纪的经历告诉英国，与法国之间的冲突已经不再局限于欧洲事务，双方对殖民地和海外市场的争夺所引发的矛盾将成为未来爆发战争的原因。

早在工业革命开始之前，英国就在西印度群岛、西非、美洲殖民地、印度进行着广泛的商贸往来，英国政府一直致力于规范和维持这种商贸。因为对本土资源贫乏的不列颠而言，"财富才是英国的真正资源，其仰赖于对外贸易"。基于这个理由，英国历届政府都清醒地意识到"贸易与海军力量是相互依存"的这一关键。这也就是英国在最近20年内不断组织反法同盟，试图对法兰西除之而后快的根本原因。

英国并未在欧洲获得任何新的领土，实际上在英国政府看来，一个良好的符合自己意愿的欧洲环境，胜过在尼德兰（旧尼德兰省，现在的荷兰与比利时地区）或者诺曼底地区获得的港口和领土。在维也纳，继续抑制法兰西并尽可能限制其重新崛起固然是头等大事，但就内心而言，来自于东方俄国的威胁似乎更能引起英国的警惕。好在俄国掳获芬兰、波兰公国，以及黑海北岸的大片领土后，并未流露出继续向西扩张的意愿。英国很高兴看到沙皇开始维护基督教世界的稳固这一伟大事业。

基于上述原因，梅特涅体系的构筑虽然完全以奥地利的利益为出发点，但其平衡俄、普两国的结果，却也完全符合英国的对外需要。

法兰西

第一帝国的毁灭（拿破仑帝国）对于法国而言影响深远。这不单单是失去了一次称霸欧洲的机会，从大革命开始至1815年的历年战乱，在人力上法国亦是损失惨重，最有行动能力的一代法国青年几乎死伤殆尽。更为重要的是，这个国家的人民心态就此发生了扭曲。而维也纳会议后波旁王朝的复辟，从某种意义上来说更是一种社会的倒退（尽管由大革命散布的民主思想与共和理念不会因为王室的复辟而丧失）。

就像上文所述的那样，与英国的冲突并非因为大革命或者拿破仑，祸根早在18世纪中叶便已埋下。在18世纪60年代，某位法国政治家说过："在欧洲目前的状况下，正是殖民地、贸易，以及由此形成的海上实力决定了欧洲大陆势力的均衡"。在太阳王（路易十四）和路易十六时期，执着的同英国在殖民地与海外贸易上一争高下的行为，无疑使法国成为不列颠心目中的头号死敌。

但不论是太阳王还是拿破仑都没有认识到这点，或者他们根本就不在乎英国的威胁，盲目地信任自己的力量，缺乏必要的政治头脑，只用军事逻辑来看待欧洲国家间的关系，从而为自己营造出了四面楚歌的国际环境。

对路易十八和成功复辟的波旁王朝而言，当务之急乃是尽快修复因为拿破仑战争而空前恶化的国际环境，以最大的诚意使法国脱离众矢之的的处境。当然，大革命中被处死的路易十六和诸多贵族，是一个博取同情的好卖点，而再三标榜自己同样是受害者（波旁王朝）也有助于改善当前的局势。

四国显然也意识到了法兰西王国和法兰西帝国的差别，所以"神圣同盟"并不排斥法国的加入，很快就和这个名义上需要被严惩的战败国在某种程度上成为新的盟友。而3年之后，"四国同盟"接纳法国的加入，转变成"五国同盟"，进一步使这个原意用来防范法国再崛起的国际同盟的本质，发生了有利于法国的转变。

维也纳会议结束后不久，由俄国沙皇亚历山大一世发起提议，得到了奥地利皇帝弗兰茨一世和普鲁士国王腓特烈·威廉三世的赞同，同年9月26日，

■ 维也纳的斯蒂芬大教堂，严格来说，应该把教皇算作维也纳和会中的一方，而他在建立"神圣同盟"的过程中的斡旋也不容忽视

三国在巴黎签署《神圣同盟宣言》。根据基督教教义处理相互关系，三个国家的君主一起宣布：三国属于上帝统治下同一家庭的三个分支，三国君主以手足之情互相救援。引导臣民和士兵保卫宗教、和平及正义。要求人民遵守教义，恪尽职责，并邀请承认盟约原则的国家参加同盟。复辟的波旁王朝响应了这个号召，法国国王路易十八于当年11月19日宣布加入"神圣同盟"。最后，除了英国的摄政王、奥斯曼帝国苏丹及教皇外，欧洲各国君主几乎全数加入了这个盟约体系。尽管本着务实的一贯基调

置身于事外，但英国还是表示了支持。

沙皇在搞他的宗教和睦与君主互助社，但维系新的欧洲秩序并不能只靠这种互助会级别的国际团体，四个主要强国在奥地利外交大臣克莱门斯·冯·梅特涅的努力下，尝试建立起一个真正意义上的国际同盟——四国同盟。1815 年 11 月 20 日，四国同法国正式签署《巴黎条约》，战争有了法律意义上的终结，与此同时，英、俄、普、奥四国又签订了《四国同盟条约》。条约的主要内容有三个方面：

第一，拥护 1815 年签署的《巴黎条约》；

第二，如任何一方受法国攻击，盟国各出兵 6 万相助；

第三，定期举行会议，协商各国的共同利益和维持欧洲和平的方法。

条约的有效期为 20 年。大致上，《四国同盟条约》在拟定初期有着明确针对法国的意味，而实际上由于拿破仑已经彻底玩完，作为欧洲传统王室的波旁王朝的复辟使法国很快就不会再以敌人的面貌出现。而在 3 年之后，法国就会要求加入这个原本计划用来看死它的"四国同盟"，并使这个组织成为实际意义上的欧洲安全体系。

至此，维也纳和会的政治成果都已经呈现出来了，由于梅特涅的成功运作和撮合，因此历史上将这一时期发生的一切构筑国际关系的规则统称为"梅特涅体系"（维也纳体系）。欧洲恢复了原样，而这正是各方苦苦厮杀 20 年所追求的目标。

毫无疑问，英国是"四国同盟"（3 年之后将会成为"五国同盟"）组织的盟主。其干涉法国革命，组织并参与反法同盟的时间差不多有 20 年之久。英伦民间普遍将救助遭到迫害的法国贵族的人视为英雄，涌现出诸如"红花大侠"一类的传奇人物。可以挑战英国地位的是俄国，当然这也没什么值得奇怪的，因为从牺牲和奉献的角度而言，沙皇俄国付出了最惨重的代价。俄国在 1813 年至关重要的战争中也做出了极大的贡献，用其广阔的国土和化为废墟的首都瓦解了拿破仑最强大的军团。尽管是今日的盟国，但英国一直担心俄国会借法国战败之机向西扩张他们的势力，只是这个担心并不实际。和现实到可怕的英国不同，此时的俄国正孕育着中世纪才有的浓重宗教情结，致力于维持那个名称很光鲜的"君主教士互助会"，并成为人所共知的虔诚者和圣徒。

从那以后，历史将会走向另一条道路。

⇥ 1820—1821 年发生的事 ⇤

法国大革命的结束与保守势力在维也纳会议上拟定的弹压政策，并未像欧洲列强希望的那样熄灭各国民众革命的欲望。也许法兰西是流够了鲜血打算太太平平过自己的日子，但是革命对于西班牙、葡萄牙、意大利等地的人民来说还是一件很时髦的东西。激昂的民族主义被激发出来，他们将沿着高卢人的脚步而去。

欧洲能够获得的太平日子并不太多，随着战后各国君主们的"秋后算账"，5 年之后欧洲大陆上将会烽火四起。

在马德里，市民们涌上街头抗议国王费迪南七世的专横，要求费迪南七世恢复 1812 年宪法，给予民众政治权利（愿上帝垂怜他们，这些正是当年拿破仑的哥哥担任西班牙国王时力主施行的内容。但是，当时的西班牙人没有接受他，他们想的只是如何赶走这个外来统治者）。葡萄牙和意大利的一些地方政局开始出现不稳定的迹象，遍布欧洲的阴谋家和煽动者再度进入活跃期，破坏、暗杀、骚乱层出不穷。在英国和法国，暗杀的阴影笼罩着两国君主与一些高官，"神圣同盟"完全有理由相信新的危机已经到来。沙皇认为在不久以后，欧洲的每个国家都会相继爆发各种各样的革命运动，而欧洲的君主们必须团结起来才能渡过这个难关。对于任何威胁到欧洲君主国家政治制度，

■ 今日的马德里王宫。在1820年，王宫前的广场上挤满了示威民众，他们要求国王费迪南七世恢复1812年宪法。不愿实行君主立宪的费迪南七世招来军队镇压，但是怀有同样意愿的士兵不肯向手无寸铁的群众开枪，在军官的一再威逼下纷纷倒戈，加入到示威队列中。最后费迪南七世被迫出逃

以及基督教信仰的暴乱，"神圣联盟"的各成员国都会毫不犹豫地进行武装干涉，将之扼杀于萌芽状态。绝对不会纵容其发展壮大，成为像法国大革命那样的灾难。

在 1820 年的春天，西班牙军队发生了哗变，被派去美洲镇压殖民地起义的军队拒绝执行命令，并且以武力对抗赶来的军队，向马德里进军。抗议演变成骚乱，骚乱又发展成暴动，最后暴动促成了起义。参加起义的士兵和市民们一起在马德里各条街道上修筑街垒，合力对抗赶来镇压的忠于费迪南七世的军队。现在，这些起义者的要求已经不仅仅局限于重新施行 1812 年宪法，他们试图以武力的形式迫使国王宣布实行君主立宪。以此为信号，葡萄牙首都里斯本、意大利也先后发生暴力革命。很快，俄国爆发了著名的"十二月党人起义"。

与发生在上一个世纪的欧洲农民暴动不同，1820 年及以后发生的民众革命都带有明显的政治诉求。除了民众表达对专政统治的不满外，更对施政民主以及民众的政治权利提出了明确的要求。"神圣同盟"于 1822 年 10 月在意大利的维罗纳召开会议，讨论关于西班牙革命问题，英国代表也受到邀请列席参加。会议上俄、法、普、奥四国代表一致同意武装干涉西班牙革命，方式为列强共同支持法国出兵进行武力干预。次年 4 月，法军进入西班牙，并于 5 月占领马德里，西班牙革命被镇压。

发生在葡萄牙、意大利和俄国的起义，也遭到了同样的下场。

虽然无法就此证明整个维也纳体系足以对付欧洲发生的各种危机，但至少因为"神圣同盟"的存在，欧洲的君主们有了一定的安全感。他们挥舞着上帝旗帜，以互帮互助彼此提携的精神，竭力压制着那些心怀"不轨"的人民。直到这件令人尴尬的事情发生。

上帝到底存在与否，这是一个很好回答又无法明确的问题。不过从历史角度来看，那些总喜欢将他当作幌子的人往往会，发现一些似乎是出自他老人家的难题。我们不知道亚历山大一世和他牵头的这个"神圣同盟"有几分是出于对耶和华的真心信奉，但是 1821 年发生的这件事令他们无语的同时也很为难：在被奥斯曼帝国侵占 400 余年之后，1821 年希腊的基督徒发起了反抗奥斯曼帝国统治的大暴动。

→ 没落的帝国 ←

从 15 世纪初开始，希腊和巴尔干一样被置于奥斯曼帝国的统治下。

1453 年，第二座"永恒之城"君士坦丁堡在奥斯曼帝国苏丹，征服者穆罕默德二世的大军围攻下陷落。土耳其人随后扫荡了伯罗奔尼撒的最南端，基督徒在巴尔干地区的最后一点儿星光就此阴落，绿色的新月取而代之。

奥斯曼帝国统治了这片土地长达 4 个世纪，对于我们这些寿命有限的凡人来说，这段时间已经久到足够移风易俗、令人忘却本性的程度。然而在高压、歧视及异教统治下，居住在希腊地区信奉东正教的斯拉夫人并未放弃他们的信仰，其信仰在逆境下甚至更为坚定和纯粹。这主要归功于土耳其人。

如果要叙述奥斯曼帝国对巴尔干半岛上的基督徒犯下的暴行，我想大概可以专门写一本书。当然，有很多酷刑是那些在圣地上胡作非为的十字军们所流传下来的。我们可以含蓄地进行一下描述：在 16 世纪以后，一个欧洲人第一次听说有关土耳其的内容，那肯定是在母亲的呵斥中。因为关于残暴的土耳其人的种种传闻，不论是真的还是假的，都是用来吓唬淘气孩子的绝佳内容。

在 19 世纪，奥斯曼面对自称拜占庭继承者俄国的严峻挑战，俄国女沙皇叶卡捷琳娜二世开启了对奥斯曼帝国的战争，试图占据黑海沿岸的出海口，打开俄国通向外界的"第二扇窗户"。奥斯曼帝国最具威力的战争机器早已

■ 君士坦丁堡，延续千年的拜占庭帝国的首都。自从1453年被土耳其人占领后就成了奥斯曼帝国的都城，被彻底伊斯兰化了

在 400 年的时光中腐朽，停留在 17 世纪状态的军队不敌俄国训练有素的新式陆军。帝国的北疆——黑海沿岸的大片领土落入俄国手中。

1807 年，法国驻君士坦丁堡的人总结了奥斯曼帝国的弱点"与土耳其结盟，就好比把你的武器放到一具尸体的手上，他会自动站起来的"。虽然土耳其人早就吞并了塞尔维亚和希腊的东南部，但是帝国属于欧洲的那部分从未被彻底征服和同化。相反在被迫臣服 400 年之后，巴尔干半岛甚至爆发了第一个反抗奥斯曼统治的起义。

经历了 1804—1817 年的长期斗争，塞尔维亚人在没有外界的帮助下战胜了土耳其人，在原为奥斯曼帝国的土地上建立了属于自己的主权国家（最初只是获得内政自治的特权）。塞尔维亚人起义时期，欧洲的广大地区正忙于相互厮杀，塞尔维亚人的努力只不过引起了欧洲其他国家的那么一点儿注意，直到 1821 年希腊爆发大起义，这里才会引起更为广泛的关注。

世居希腊，信奉东正教的斯拉夫人在数百年内一直过着艰苦的生活。15 世纪初，奥斯曼帝国在完成了征服以后，暴行与压迫很快就和当地人的反抗一起平息。就当时的情况而言，希腊不属于帝国境内的战略要地，既没有肥沃的土地也没有丰富的矿藏资源，由于帝国的贸易封锁政策，希腊作为地中海商贸中转站的功能已经丧失。这里可以说没有丝毫利用价值。16—17 世纪奥

■ 君士坦丁堡的旧城墙，基督教城市时期的遗迹

斯曼帝国和奥地利曾在多瑙河流域展开拉锯战,巴尔干半岛北部一度是朝不保夕的战场,但位于巴尔干最南端的这块穷山恶水却未被波及,因为对那里谁也没有兴趣。

奥斯曼帝国留给希腊的是长期的无视——只要你不反抗苏丹的统治,就没人来理睬你,一直到帝国的税吏开始越来越频繁地光顾这里。

19世纪初,随着奥斯曼帝国延续数百年的贸易禁令逐渐失效,走私和半公开的商贸往来令希腊逐渐活跃起来,自古以来的地中海贸易网让这里变得繁荣。来自中东地区的货物通过水路在此转运,进入爱琴海和黑海,奥斯曼帝国的心脏地区。而来自黑海和爱琴海地区的产物,同样要在这里集中,然后运往北非和欧洲。贸易刺激着经济,积累着财富,繁华的市井、整齐的城镇开始出现,拜占庭帝国极盛时期的景象在此重现,希腊也再度焕发了生机。

和希腊的生机勃勃相比,奥斯曼帝国的其他部分却在衰败。帝国的机器已经在400余年的时光中变得腐朽和奢靡,苏丹的排场越来越大,各级官僚的贪污也加重了帝国财政的压力。欧洲正在进行工业革命,土耳其可以被称为"工业"的产业只有地毯编织,脆弱的自然经济体系在欧洲冲击下越来越脆弱。税收持续减少,外流货币和内部消耗却逐年增加。在这个背景下,帝国当然不会忽视这块正变得日渐富庶的地区。本着开源的目的,摊派给希腊的税负也更加沉重。

信仰压迫、民族歧视、沉重的税收,横行乡里贪污腐败的官吏,从内部毁灭一个国家最有效的因素都可以在19世纪初的希腊身上找到。穷山恶水出刁民,虽然希腊已经重新开始变得富裕了,但刁民想要再变得谦和温顺,却需要一定的时间。上述这些因素综合考验着希腊人有限的忍耐力,而事实也证明了他们的容忍能力并不强。更何况随着生活的日渐富裕,希腊本地力量在不断地加强,本土资产阶级在财富的不断积累中,获得了更多的政治发言权,这些人强烈地要求脱离奥斯曼的封建统治。

希望获得独立的希腊人组成各种民间政治组织,广结网络为民族大起义做着准备。19世纪20年代初的希腊,就好似盛夏枯黄而灼热的干草堆,只需一丁点儿火星便可点燃烈焰。

这一点儿火星在1821年3月4日出现了。这一天侨居俄国的希腊"友谊社"

总负责人依普希兰狄斯，偷偷越过俄国边界进入了隶属奥斯曼帝国的罗马尼亚境内的雅西城。在这里，他会合了"友谊社"的其他成员及数百名志愿者，随后宣布起义。同时他以希腊人民的名义，呼吁举行希腊民族大起义。

3月23日，消息经过人们口口相传，抵达了伯罗奔尼撒半岛南部。当地居民纷纷揭竿而起。

4月7日，爱琴海上的斯佩采岛宣布起义；4月22日，普萨拉宣布起义；4月28日，伊德拉岛起义军民已经成功地控制了科林斯地区；5月，克里特岛爆发了反对土耳其统治的起义；5月7日，阿提卡半岛的武装民兵对雅典发起进攻，雅典城内的市民纷纷响应，对驻扎的土耳其军队发起攻击。在一片混乱中，奥斯曼帝国的驻军主动退却，向南撤往科林斯城坚守。至此，起义军几乎席卷了希腊的大部分陆地和爱琴海众多岛屿。

号召者并非都是军事天才，6月，依普希兰狄斯和"友谊社"的同志率领起义军南下进入马其顿作战，在德拉戈尚与土耳其正规军展开激战。"友谊社"的人和美国独立战争时的"自由之子社"很类似，宣传是其强项，军事根本不在行。这些毫无组织能力的人很快便被土军击溃，依普希兰狄斯逃亡奥地利，不久后被捕。

依普希兰狄斯起义部队的溃败并未影响到整个希腊的民族起义进程，10月5日希腊军民攻占特里波利斯城。不久之后，迫使被围困在克林斯城的土耳其军队投降。至此，整个伯罗奔尼撒半岛都被希腊起义军占领。1822年1月初，起义军在厄皮道尔召开首届国民议会，确定了临时政府"希腊执行委员会"。13日，由执行委员会向全世界宣布希腊独立，并成立国民政府。

对于希腊地区的突然暴动，土耳其方面毫无准备。腐朽的国家机器反应迟钝而无序，平日里耀武扬威的苏丹军队在义军的攻击下节节败退，很快就撤出了整个希腊地区。不过有一点可以肯定，对于胆敢反抗其统治的人，苏丹绝对不会善罢甘休。

克里特岛、爱琴海诸岛、卢麦里以及马其顿等地的武装暴动缺乏组织性，相互之间也未进行协调。这些地方之所以会爆发起义，很大程度上是因为当地人民受到希腊起义的感召而自发做出的响应。起义最终会获得成功也完全仰赖当地驻军和官僚的无能，这些人在暴动发生伊始便已望风而逃。不过从另一个角度来理解的话，也意味着这些地区所取得的成功实际上并不可靠。土耳其人的反应非常慢，不过终究会到来。1821 年年底至 1822 年年初，奥斯曼政府从其北方疆域和东面抽调兵力展开镇压。

1822 年 2 月，土军在爱琴海上的开俄斯岛登陆，对当地的起义进行镇压。这是一次杀鸡儆猴式的袭击，岛上的义军仅 2 千余人，在 2 万登陆土军的攻击下很快便溃散了。随后，土军对岛上近 10 万的居民进行了血洗。2.3 万人遇害，约 4.7 万人被卖做奴隶……土军对外宣称这是对斯拉夫人进行的报复，因为起义军曾屠尽当地土耳其人（被土耳其人统治了 400 余年，难保不会从他们身上学到点什么）。

1822 年 6 月，在击溃其他地区零星的起义军之后，约 3 万土军逼近伯罗奔尼撒半岛。驻守科林斯的希腊起义军没有进行阻击，放弃科林斯城退入半岛腹地。轻易取得的胜利令土耳其人异常骄纵，毫无戒心地分兵深入伯罗奔尼撒南部地区继续追击，结果中了起义军的埋伏，一败涂地。

■ 矗立在爱琴海边的拜占庭时代的古堡，没想到400余年后会被希腊人加以利用，重新当作对抗土耳其人的壁垒

■ 伯罗奔尼撒地峡的卫星照片，这一地理障碍
一度是保护希腊不被奥斯曼帝国军队摧毁的屏障

■ 描述开俄斯大屠杀的油画作品，为欧洲画家
所作。作品中希腊人和土耳其人对比鲜明，反映
了欧洲人对发生在希腊的事件的普遍看法

在海上，希腊人表现得同样活跃。在希腊境内不乏经验丰富的水手，爱琴海诸岛的居民从小就生活在海上，这和世居小亚细亚半岛的土耳其人截然不同。在遭遇战中，希腊的小船往往敢于和装有大炮的土耳其军舰硬碰硬。曾经有过这样的例子，一名希腊水手驾驶一艘着火的小船独闯土耳其军队锚地，撞向土耳其的军舰与之同归于尽。在对方不要命的袭击下，土耳其舰队全部撤至达达尼尔海峡。希腊军民的胜利严重挫伤了土军的士气，士兵害怕送命拒绝参战，土军陷入一片混乱。

然而遗憾的是，随后的事情似乎在人类历史上多次重现。起义的初步胜利并未激励起斯拉夫人的进取心，他们没有尝试跨出去彻底打败土耳其军队，争取真正意义上的独立。相反，许多曾站在同一战线上的人很快就兵刃相见了。1823年和1824年，忠于临时政府的军队两次和独立作战的反土耳其游击队爆发内战，内部冲突导致彼此死伤惨重，平白消耗了宝贵的力量。难道他们认为奥斯曼苏丹会甘于失败，永远保证他们的独立？

奥斯曼帝国虽然已近衰落，但是当这个帝国的国家机器开始全速运作的时候，是没有任何一个革命组织可以挑战的。实际上，土耳其苏丹的帝国也并非铁板一块，在帝国版图的外围，有一些名为附属国的独立政体。比如阿尔巴尼亚、埃及、叙利亚、阿拉伯半岛、北非等。这些地方政权承认苏丹的统治并缴纳赋税，然后苏丹给予他们一定程度上的内政自主权。可以将其视为诸侯的附属体，同时还掌握着独立的军队，这些军队可不见得都像苏丹的军队那样没用。

奥斯曼帝国当时的苏丹是马哈茂德二世（II. Mahmut），由于读音相似，他的名字常常被附会成当年那位攻陷君士坦丁堡的霸主[1]。对于这个庞大的帝国来说，很遗憾的是两位苏丹的相似仅此

■ 马哈茂德二世的画像

---

[1] 穆罕默德二世（Fatih Sultan II.Mehmet），其"征服者"的称号来自于攻占君士坦丁堡的功绩。此人在施政上的才能也非常了得，引领奥斯曼帝国进入了全盛时期。

而已。马哈茂德二世虽然无能（在他的统治下，帝国的北方疆土不断落入俄国之手）但却不傻，至少他知道必须扑灭发生在希腊的起义，否则势必会在整个巴尔干引起连锁反应，从而使帝国的西侧门户洞开。想归想，可奥斯曼帝国的正规军根本就不顶用，无论是在陆地还是海洋，都无法胜任任何军事上的职责，只在烧杀掳掠、欺压良善方面颇有天赋，可以无师自通。而帝国原先最精锐的部队禁军（新军），现在差不多成了不安定因素和最为反动的保守势力，完全不能指望他们去执行军事任务。种种现实问题迫使这位苏丹策动他的埃及帕夏①，去完成入侵希腊镇压起义的任务。

→ 埃及的帕夏 ←

马哈茂德二世的埃及帕夏穆罕默德·阿里，是一名性格坚强的阿尔巴尼亚裔埃及人。尽管很多来自希腊方面的文字喜欢将他描述为一个卑劣的野心家，然而我们有必要在这里说句公道话：如果和他的苏丹交换一下位置的话，奥斯曼帝国或许会有中兴的可能。他能够当上埃及的帕夏有着多种原因，但可以肯定的是，这是当时奥斯曼帝国不可多得的知人善任之举。

1801 年，英国与土耳其联军终于击败了占据埃及的法军，当时的埃及正处于一片混乱之中。奥斯曼帝国内部的民族和阶层区分，使其驻埃及的军队非常无能，时常拖欠的军费也导致逃兵不断，有时候逃亡甚至是成建制的。这些开小差的部队往往会直接干起无本买卖，就进一步加剧了埃及地区的混乱形势。由于法国的入侵，原本掌握着埃及政权的统治者马木鲁克被消灭了，随后法国的统治结束使埃及处于权力真空状态。

穆罕默德·阿里被派到埃及的一支阿尔巴尼亚军团，担任督促法军撤兵的二号长官。刚到埃及的阿里并未像帝国其他的官吏那样，忙于将法国占领

---

① 所谓的"苏丹"就是阿拉伯语"sultan"的译音，这是伊斯兰国家最高统治者的称号。而"帕夏"也是音译，原文写作"pasha"，是当时土耳其和北非伊斯兰国家授予高级军官和文职官员的一种头衔，某种意义上有点封疆大吏，甚至国王的味道。

时期的各种"敌产"置于自己名下。而是致力于建立一个由当地村长、伊斯兰神职人员和开罗的富商组成的管理体系,以此为基础来填补埃及权力真空。由于具备远见卓识和出色的政治手腕,阿里成功将整个埃及纳入了自己的名下——因为当时没有人能够像他那样有效地保障埃及的安全,因此 1805 年苏丹任命他为埃及总督。当然,他之所以能够成为埃及的帕夏,并不仅仅因为他表现出的谦卑和卓越的政治能力,实际上他为奥斯曼帝国做的一切很大程度上是为了他自己。英国外交大臣杜德里伯爵在 1827 年这样形容他,"有戒心、时刻警惕着、精明,既不是狂热的穆斯林,也不是土耳其政府的忠实仆人,而是几乎完全按照自己的利益和野心来处理事务"。很快,阿里通过努力把埃及建立成了一个独立的王国。苏丹开出的价格是 35 万英镑,每年他只需要向帝国的国库支付 35 万英镑(半个世纪后,这笔钱将会不断加码到 66 万英镑)"租赁费",苏丹就保证埃及在内政上享有高度的自治。

　　1805 年,在目睹了拿破仑对埃及的入侵后,欧洲人的军事实力引起了穆罕默德·阿里的重视。于是他雇用了许多前拿破仑军队的军官,为他们提供通往荣耀之路的新职业,同时让他们担担任军队的顾问。此外他还建立了一支现代化的海军,聘请了英国和俄国的顾问。在他的努力下,埃及的内部环境迅速改善,军事力量也得到了有效地加强,而这一切让阿里看到了自己将成为埃及未来民族主义领导人的希望。当然,他巩固埃及军事力量的过程也不全是这种"和平发展"。当时残存的马木鲁克集团仍有相当大的能量,更重要的是,这个历史悠久的军事团体始终是潜

■ 苏丹的埃及帕夏,穆罕默德·阿里的画像

在的威胁，尽管他们目前还算尊重埃及的帕夏，但是阿里知道这帮曾把持埃及政权的人在骨子里依然将他视为外人。对于威胁到他权力的人，阿里自然不会用面对君士坦丁堡的上级时的那副谦逊面孔。

到了1811年，"大清洗"终于发生了。阿里的儿子被苏丹任命为镇压阿拉伯半岛起义的军队长官，阿里邀请了马木鲁克的埃米尔[①]来参加他为儿子举办的庆祝活动，毫无戒心的马木鲁克首领们应邀而来。在这些人进入要塞的瓮城后，阿里突然下令关闭大门，接着在城墙上埋伏的士兵对瓮城内的人群开枪射击。当所有人都倒下之后，手持刀斧的士兵仔细检查了每个人，确保没有人能活下来。此后数天里，阿里下令杀死所有他们能够抓到的马木鲁克人，洗劫家产、强奸妇女，存在于埃及历史中800余年的马木鲁克集团就此被抄家灭族。

穆罕默德·阿里的确手段狠辣，但在奥斯曼帝国时代的中东这也是基本的行事准则，除非他想被别人干掉，或者甘心做一个平凡的小官吏安度余生。而阿里本人应当被公正地看待为埃及的民族主义者，一个试图策动埃及摆脱奥斯曼控制走向独立的人。希腊人无疑和他有着类似的目标，而且他们已经做了，遗憾的是帕夏大人并不认为他和希腊人是同志，相反他从希腊革命中看到了自己权力可以进一步扩大的契机。尽管和希腊人没有嫌隙，甚至在双边贸易中还算是比较愉快的合作伙伴，但阿里此刻尚未做好与伊斯坦布尔决裂的准备（这里就不称作君士坦丁堡了……），而是决定根据情况做出能够使自己利益最大化的行动。

阿里给他的土耳其主子开出的条件是要出任伯罗奔尼撒总督，以及陆海军指挥官。阿里为此可以提供由他的儿子易卜拉欣指挥的拥有63艘战舰、100艘运输船、16000名水兵的庞大舰队。舰队将装载6万名由法国顾问训练出的精兵，投入希腊战场。这是一股强大到足够剿灭希腊革命的力量。

马哈茂德二世对此十分满意，同样他也认为埃及帕夏开出的价钱是能够接受的。于是事就这么定了……

[①] 来自阿拉伯文"amir"，意思是"统帅他人的人"或"国王"。通常用来称呼伊斯兰世界的军队统帅或者军事总督。

大卫·霍布斯
（David Hobbes）著

The British Pacific Fleet: The Royal Navy's Most Powerful Strike Force

英国太平洋舰队

○ 在英国皇家海军服役 33 年、舰队空军博物馆馆长笔下真实、细腻的英国太平洋舰队。
○ 作者大卫·霍布斯在英国皇家海军服役了 33 年，并担任舰队空军博物馆馆长，后来成为一名海军航空记者和作家。

　　1944 年 8 月，英国太平洋舰队尚不存在，而 6 个月后，它已强大到能对日本发动空袭。二战结束前，它已成为皇家海军历史上不容忽视的力量，并作为专业化的队伍与美国海军一同作战。一个在反法西斯战争后接近枯竭的国家，竟能够实现这般的壮举，其创造力、外交手腕和坚持精神都发挥了重要作用。本书描述了英国太平洋舰队的诞生、扩张以及对战后世界的影响。

布鲁斯·泰勒
（Bruce Taylor）著

The Battlecruiser HMS Hood: An Illustrated Biography, 1916–1941

英国皇家海军战列巡洋舰"胡德"号图传：1916—1941

○ 250 幅历史照片，20 幅 3D 结构绘图，另附巨幅双面海报。
○ 详实操作及结构资料，从外到内剖析"胡德"全貌。它是舰船历史的丰碑，但既有辉煌，亦有不堪。深度揭示舰上生活和舰员状况，还原真实历史。

　　这本大开本图册讲述了所有关于"胡德"号的故事——从搭建龙骨到被"俾斯麦"号摧毁，为读者提供进一步探索和欣赏她的机会，并以数据形式勾勒出船舶外部和内部的形象。推荐给海战爱好者、模型爱好者和历史学研究者。

保罗·S.达尔
（Paul S. Dull）著

A Battle History of the Imperial Japanese Navy, 1941-1945

日本帝国海军战争史：1941—1945 年

○ 一部由真军人——美退役海军军官保罗·达尔写就的太平洋战争史。
○ 资料来源日本官修战史和微缩胶卷档案，更加客观准确地还原战争经过。

　　本书从 1941 年 12 月日本联合舰队偷袭珍珠港开始，以时间顺序详细叙述了太平洋战争中的历次重大海战，如珊瑚海海战、中途岛海战、瓜岛战役等。本书的写作基于美日双方的一手资料，如日本官修战史《战史丛书》，以及美国海军历史部收集的日本海军档案缩微胶卷，辅以各参战海军编制表图、海战示意图进行深入解读，既有完整的战事进程脉络和重大战役再现，也反映出各参战海军的胜败兴衰、战术变化，以及不同将领各自的战争思想和指挥艺术。

H.P.威尔莫特
（H.P.Willmott）著

The Battle of Leyte Gulf: The Last Fleet Action

莱特湾海战：史上最大规模海战，最后的巨舰对决

○ 原英国桑赫斯特军事学院主任讲师 H.P. 威尔莫特扛鼎之作。
○ 荣获美国军事历史学会 2006 年度"杰出图书"奖。
○ 复盘巨舰大炮的绝唱、航母对决的终曲、日本帝国海军的垂死一搏。

　　为了叙事方便，以往关于莱特湾海战的著作，通常将萨马岛海战和恩加诺角海战这两场发生在同一个白天的战斗，作为两个相对独立的事件分开叙述，这不利于总览莱特湾海战的全局。本书摒弃了这种"取巧"的叙事线索，以时间顺序来回顾发生在 1944 年 10 月 25 日的战斗，揭示了莱特湾海战各个分战场之间牵一发而动全身的紧密联系，提供了一种前所未见的全局视角。
　　除了具有宏大的格局之外，本书还不遗余力地从个人视角出发挖掘对战争的新知。作者对美日双方主要参战将领的性格特点、行为动机和心理活动进行了细致的分析和刻画。刚愎自用、骄傲自大的哈尔西，言过其实、热衷炒作的麦克阿瑟，生无可恋、从容赴死的西村祥治，谨小慎微、畏首畏尾的栗田健男，一个个生动鲜活的形象跃然纸上、呼之欲出，为这段已经定格成档案资料的历史平添了不少烟火气。

约翰·B.伦德斯特罗姆
（John B.Lundstrom）著

Black Shoe Carrier Admiral:Frank Jack Fletcher At Coral Sea, Midway & Guadalcanal

航母舰队司令：弗兰克·杰克·弗莱彻、美国海军与太平洋战争

○ 战争史三十年潜心力作，争议人物弗莱彻的平反书。

○ 还原太平洋战场"珊瑚海"、"中途岛"、"瓜达尔卡纳尔岛"三次大规模海战全过程，梳理太平洋战争前期美国海军领导层的内幕。

○ 作者约翰·B.伦德斯特罗姆自1967年起在密尔沃基公共博物馆担任历史名誉馆长。

本书是美国太平洋战争史研究专家约翰·B.伦德斯特罗姆经三十年潜心研究后的力作，为读者细致而生动地展现出太平洋战争前期战场的腥风血雨，并以大量翔实的资料和精到的分析为弗莱彻这个在美国饱受争议的历史人物平反。同时细致梳理了太平洋战争前期美国海军高层的内幕，三次大规模海战的全过程，一些知名将帅的功过得失，以及美国海军在二战中的航母运用。

马丁·米德尔布鲁克
（Martin Middlebrook）著

Argentine Fight for the Falklands

马岛战争：阿根廷为福克兰群岛而战

○ 从阿根廷军队的视角，生动记录了被誉为"现代各国海军发展启示录"的马岛战争全程。

○ 作者马丁·米德尔布鲁克是少数几位获准采访曾参与马岛行动的阿根廷人员的英国历史学家。

○ 对阿根廷军队的作战组织方式、指挥层所制订的作战规划和反击行动提出了全新的见解。

本书从阿根廷视角出发，介绍了阿根廷从作出占领马岛的决策到战败的一系列有趣又惊险的事件。其内容集中在福克兰地区的重要军事活动，比如"贝尔格拉诺将军"号巡洋舰被英国核潜艇"征服者"号击沉、阿根廷"超军旗"攻击机击沉英舰"谢菲尔德"号。一方是满怀热情希望"收复"马岛的阿根廷，另一方是军事实力和作战经验处于碾压优势的英国军队，运气对双方都起了作用，但这场博弈毫无悬念地以阿根廷的惨败落下了帷幕。

尼克拉斯·泽特林
（Niklas Zetterling）著

Bismarck: The Final Days of Germany's Greatest Battleship

德国战列舰"俾斯麦"号覆灭记

○ 以新鲜的视角审视二战德国强大战列舰的诞生与毁灭……非常好的读物。——《战略学刊》

○ 战列舰"俾斯麦"号的沉没是二战中富有戏剧性的事件之一……这是一份详细的记述。——战争博物馆

本书从二战期间德国海军的巡洋作战入手，讲述了德国海军战略，"俾斯麦"号的建造、服役、训练、出征过程，并详细描述了"俾斯麦"号躲避英国海军搜索，在丹麦海峡击沉"胡德"号，多次遭受英国海军追击和袭击，在外海被击沉的经过。

朱利安·S.科贝
（Julian S.Corbett）著

Maritime Operations in the Russo - Japanese War, 1904-1905

日俄海战1904—1905（共两卷）

○战略学家科贝特参考多方提供的丰富资料，对参战舰队进行了全新的审视，并着重研究了海上作战涉及的联合作战问题。

○ 以时间为主轴，深刻分析了战争各环节的相互作用，内容翔实。

○ 译者根据本书参考的主要原始资料《极密·明治三十七八年海战史》以及现代的俄方资料，补齐了本书再版时未能纳入的地图和态势图。

朱利安·S.科贝特爵士，20世纪初伟大的海军历史学家之一，他的作品被海军历史学界奉为经典。然而，在他的著作中，有一本却从来没有面世的机会，这就是《日俄海战1904—1905》，因为其中包含了来自日本官方报告的机密信息。学习科贝特海权理论，不仅能让我们了解强大海权国家的战略思维，还能辨清海权理论的基本主题，使中国的海权理论研究有可借鉴的学术基础。虽然英国的海上霸权已经被美国取而代之，但美国海权从很多方面继承和发展了科贝特的海权思想。如果我们检视一下今天的美国海权和海军战略，就可以看到科贝特的理论依然具有生命力，仍是分析美国海权的有用工具和方法。

米凯莱·科森蒂诺
（Michele Cosentino）、
鲁杰洛·斯坦格里尼
（Ruggero Stanglini）著

British and German Battlecruisers: Their Development and Operations

英国和德国战列巡洋舰：技术发展与作战运用

○ 全景式展示战列巡洋舰技术发展黄金时期的两面旗帜——英国战列巡洋舰和德国战列巡洋舰，
  在发展、设计、建造、维护、实战等方面的细节。
○ 对战列巡洋舰这种独特类型的舰种进行整体的分析、评估与描述。

　　本书是一本关于英国和德国战列巡洋舰的"全景式"著作，它囊括了历史、政治、战略、经济、
工业生产以及技术与实战使用等多个角度和层面，并将之整合，对战列巡洋舰这种独特类型的
舰种进行整体的分析、评估与描述，明晰其发展脉络、技术特点与作战使用情况，既面面俱到
又详略有度。同时附以俄国、日本、美国、法国和奥匈帝国等国的战列巡洋舰的发展情况，展
示了战列巡洋舰这一舰种的发展情况与其重要性。

　　除了翔实的文字内容以外，书中还有附有大量相关资料照片，以及英德两国海军所有级别
战列巡洋舰的大比例侧视与俯视图与为数不少的海战示意图等。

诺曼·弗里德曼 著
（Norman Friedman）
A. D. 贝克三世 绘图
（A. D.BAKER Ⅲ）

British Destroyers: From Earliest Days to the Second World War

英国驱逐舰：从起步到第二次世界大战

○ 海军战略家诺曼·弗里德曼与海军插画家 A.D. 贝克三世联合打造。
○ 解读早期驱逐舰的开山之作，追寻英国驱逐舰的壮丽航程。
○ 200 余张高清历史照片、近百幅舰艇线图，动人细节纤毫毕现。

　　诺曼·弗里德曼的《英国驱逐舰：从起步到第二次世界大战》把早期水面作战舰艇的发展
讲得清晰透彻，尽管头绪繁多、事件纷繁复杂，作者还是能深入浅出、言简意赅，不仅深得专
业人士的青睐，就是普通的爱好者也能比较轻松地领会。本书不仅可读性强，而且深具启发性，
它有助于了解水面舰艇是如何演进成现在这个样子的，也让我们更深刻地理解了为战而生的舰
艇应该如何设计。总之，这本书值得认真研读。

大卫·K. 布朗
（David K.Brown）著

Warship Design and Development

英国皇家海军战舰设计发展史（共五卷）

○ 英国皇家海军建造兵团的副总建造师大卫·K. 布朗所著，囊括了大量原始资料及矢量设计图。
○ 大卫·K. 布朗是一位杰出的海军舰船建造师，发表了大量军舰设计方面的文章，为英国皇
  家海军舰艇的设计、发展倾注了毕生心血。

　　这套《英国皇家海军战舰设计发展史》有五卷，分别是《铁甲舰之前，战舰设计与演变，
1815—1860 年》《从"勇士"级到"无畏"级，战舰设计与演变，1860—1905 年》《大舰队，
战舰设计与演变，1906—1922 年》《从"纳尔逊"级到"前卫"级，战舰设计与演变，1923—
1945 年》《重建皇家海军，战舰设计，1945 年后》。该系列从 1815 年的风帆战舰说起，囊括
了皇家海军历史上有代表性的舰船设计，并附有大量数据图表和设计图纸，是研究舰船发展史
不可错过的经典。

亚瑟·雅各布·马德尔
（Arthur J. Marder）、
巴里·高夫
（Barry Gough）著

From the Dreadnought to Scapa Flow

英国皇家海军：从无畏舰到斯卡帕湾（共五卷）

○ 现在已没有人如此优雅地书写历史，这非常令人遗憾，因为是马德尔在记录人类文明方面
  的天赋使他有能力完成如此宏大的主题。——巴里·高夫
○ 他书写的海军史具有独特的魅力。他具有把握资源的能力，又兼以简洁地运用文字的天
  赋……他已无需赞美，也无需苛求。——A. J. P. 泰勒

　　这套《英国皇家海军：从无畏舰到斯卡帕湾》有五卷，分别是《通往战争之路，1904—
1914》《战争年代，战争爆发到日德兰海战，1914—1916》《日德兰及其之后，1916.5—12》
《1917，危机的一年》《胜利与胜利之后：1918—1919》。它们从费希尔及其主导的海军改制入
手，介绍了 1904 年至 1919 年费舍尔时代英国海军建设、改革、作战的历史，及其相关的政治、
经济和国际背景。